献给我的妈妈奥莉芙·布丽奇特·比德尔。
如果不是她重视我的教育,
我不可能会写书。

教得好，孩子肯定学得好

（英）菲尔·比德尔/著

苏毅琳/译

Could Do Better!
Help your child shine at shchool

海峡出版发行集团 | 福建教育出版社

目 录

致谢 /1
前言 /1
引言 /1
1. 孩子独特的天分——多元智能与学习方式 /1
2. 好动型——用身体学习 /17
3. 社交型——社交技巧 /45
4. 思想型——了解内向的孩子 /79
5. 幻想型——视觉学习法 /99
6. 音乐型——运用韵脚和韵律 /119
7. 数学型——形状和排列 /147
8. 文字型——如何写好文章 /163
9. 综合运用七大方法 /215
10. 关键阶段、考试和评价 /231
11. 复习与应试技巧 /245
注释 /263
参考书目 /268

致　谢

感谢海蒂·斯蒂芬森（Heidi Stephenson）、琳达·鲍威尔（Linda Powell）和乔纳森·吉拉德（Jonathan Gillard），提名我参选年度教师奖；感谢教学主任安·帕玛尔（Ann Palmer）给我的极大支持；感谢乔·树德（Jo Shuter）和杰弗里·萨顿（Jeffery Sutton）为我颁奖。特别感谢威尔·伍德沃（Will Woodward），他说是他"造就了我"，我想他说得没错；感谢泰德·莱德和朱迪丝·莱德（Ted and Judith Wragg）。

感谢克莱尔·菲普斯（Claire Phipps）邀请我写了一篇文章，使我有幸认识了出色的、我敬爱的杰拉尔丁·库克（Geraldine Cooke），她为我引见了玛丽安·威尔蒙斯（Marianne Velmans）、萨拉·威斯克（Sarah Westcott）和丹尼尔·巴拉多（Daniel Balado），并得到了他们热情的指导。

感谢我在坎宁镇中学所有的学生，特别是7D类型班的学生，他们日复一日地在课堂里被我这个危险的疯子折磨。感谢所有参加《点石成金》节目的孩子，特别感谢黛尔（Dale）、格蕾丝(Grace)、芬巴(Finbar)、谢恩(Shane)和扎克(Zaak)。

还要感谢詹妮弗·尔丽斯·欧文斯(Jennifer Eirlys Owens)、巴兹(Bazzy)、雷恩(Len)、罗(Lou)、肯(Ken)和奥利弗·比德尔(Olive Beadle)。

前言

我出生在一个大家庭,爸爸妈妈各有5个兄弟姐妹。具体地说,我们3兄妹有20个叔伯舅舅,姑姑姨妈,还有24个表兄妹。家里没有一个人在学术上有什么建树。他们并不笨,他们都非常聪明。我们家人一直以来都是干体力活儿的。我的妈妈、爸爸、几个姑姑和叔叔都早早地离开了学校。爸爸在寒冷的冬天里还要与冰冷无情的金属块打交道,有的时候,手冻得生疼。用他自己的话说,他"这一辈子都满身油污,邋里邋遢的"。这样谋生真是太难了。现在他62岁了,但仍在继续工作。

妈妈虽然很早就不上学了,但是她尊重教育,把它当作是让我们摆脱危险、辛苦的体力活儿的一条出路。在我4岁的时候,妈妈就教我读书了。第一天上学,奥·布莱恩老师测试朗读。我劈里啪啦地读了一本又一本的"彼得和简"系列丛书。至今我还记得她一脸惊诧的表情,还有我得意的样子。

简直不能想象像我们这样家庭出身的人能够为报纸撰文、出版书籍。这完全要归功于我的母亲，她关心我的教育，她一直认为我在某些方面非常特别。

想让孩子的生活多姿多彩，最重要的还是需要你参与孩子的教育过程。家长有力量，也是有能力改变孩子命运的，就像我的母亲。

你的孩子一定很特别。你买这本书，也许是因为暂时还没有人看到这一点，特别是孩子自己。悄悄地告诉你，要使孩子成为真正特别的人，就是要有人信任他，关注他，让他知道自己是或者将会是一个多么特别的人。这个人就是你。相信孩子吧，这将是你能给他的最好的礼物了。

引　言

儿子雷恩上幼儿园的前一天，我让他给我画个房子。

你也许会想一个 4 岁的孩子应该马上就会动手画了。但是雷恩却不。他舔了舔嘴唇，看了看我，想了想，画了一个巨大无比的房子，然后问我："是不是很可怕？"

没想到他竟问了我这么一个难题。我想了想，耸耸肩说："嗯，也许有点。"

他不是很明白，接着又问了："像外星人的房子吗？"

"怎么不像？"我回答。喜欢他天生的好奇心。

但是雷恩对我的回答还不满意。他想了一下，深吸了一口气，问了一个绝对是雷恩式的问题："这是黑暗吗？"

我愣住了。这是黑暗吗？什么意思？我努力想弄明白他的问题，结结巴巴地说："什，什么？你说线条吗？"

"不是，才不是线条，傻瓜。"大人没听懂他的话的时候，雷恩总是很生气，"这—房—子—是—不—是—黑—暗？"

比喻是表现创造力的最高形式之一。而雷恩张口就说出来了，毫不犹豫地，丝毫没有意识到自己才4岁就那么聪明。我想好了要如何回答他那充满诗意的问题。

"哦，还真是！"我夸张地说。

他激动地说："这会不会是你们男人最害怕的房子？"

"一定是这样的，雷恩。给我画一个我们这些男人最害怕的房子吧。"

他明白了我想要什么样的房子，点了点头，就动手开始画了。不一会儿，他完成了作品，自己也觉得非常开心。

如果你要一个8岁的孩子或者一个大人给你画个房子，他们画出来的基本上大同小异：无非是一个四四方方的盒子，有4个方方正正的窗户，一个矩形的门在中间，一个三角形的屋顶，上面伸出个冒着烟圈的烟囱。这种房子，你自己看看，一点都不像你在街上看到的任何一所房子。

可是雷恩画的房子就完全不同了。首先，它是彩色的。右边的墙比左边的墙厚 4 倍。"因为那边风更大啊,真傻。"这所房子还有 3 个烟囱冒出彩色的烟。据雷恩的解释,3 种颜色表示不同的热度:棕色表示热;黑色表示很热;橙色表示超级热。外墙上贴着有趣的贴纸,告诉大家这是孩子们的房子。而窗户则被许许多多的眼睛代替了,不仅仅因为这是外星人的房子,而且这种房子在我们卡特福德区还能防贼。

这真是一幅充满想象力的作品。雷恩与和他同龄的孩子一样,是一个彻底的,十足的,完全的,天生的,绝对的,不容置疑的天才。他经常会问一些绝妙的问题,而我却答不上来:

"水是什么做成的?"

"不知道。"

"鸭子要是没人喂它们面包,它们吃什么呢?"

"不知道。吃土吗?"

"为什么加油站是一个站?"

"不知道。"

"地球在转圈圈的时候,人为什么不会摔倒?"

"因为地心引力的作用。"

"什么是地心引力?"

"不知道。"

"是不是大火箭通不过黑洞,而很小的那种就可以穿过黑洞呢?火会弄坏金属,为什么金属不能把火弄坏呢?为什么我们害怕了就把眼睛闭上?我们看不见电,怎么知道它存在呢?未来到底在哪里呢?这里?还是那里?"

"未来在你的心中,雷恩。"

第二天,这充满成就感的小家伙乐颠颠地背着空书包上学去了,俨然一副摇滚明星吉姆·莫里森的模样。午饭后,他兴冲冲地回来,手里挥舞着一张他刚画好的画,得意极了:一个四四方方的盒子,4个方方正正的窗户,一个矩形的门在中间,一个三角形的屋顶,上面伸出个冒着烟圈的烟囱。

雷恩进入了英国的教育体系。而入学的第一天,孩子们的天赋就开始遭到无情地、大力地摧残了。

每个孩子都会成功

人是社会性的动物。我们喜欢去适应,而不喜欢鹤立鸡群。然而,孩子在学校里接受的社会化的教育不过是强调整齐划一、严格纪律、标准的回答和见解。我们现时的教育制度仍然沿袭了工业化时代之初的许多理念和结构,有一些教室甚至保留了工业化时代之前的布局。

不要强迫孩子和别人一样。这不适合他们的。孩子们不是集约化饲养的蛋鸡。像工厂生产产品那样的教育，只会把人变得机械化。这种教育是有害的。

强迫孩子们循规蹈矩只会剥夺孩子们与生俱来的天赋和他们纯洁的思想，取而代之的是浅薄的、没有实质意义的、模仿别人的行为和思想。凭着那种教他们画出毫无个性的、"标准"的、不像房子的房子的思维方式，是不能解决全球变暖问题的。只有知识渊博，同时又有着4岁孩子般自由思想的人，才是解决问题的人。

诗人济慈说"教育不是注满一桶水，而是点燃一把火。"他说得对。可是英国的教育变得越来越像是"往桶中注水"。做大量的勾选题和毫无意义的文字工作，完全不能让孩子进步。

几年前，我见到一位小学老师给一群很小的孩子讲一只毛毛虫、飞蛾和灯泡的故事。她说，飞蛾朝着灯泡飞去是致命的，当一只慢吞吞的毛毛虫就好了，这样才安全，千万不要破茧而出。难道花钱请她就是要让她居心叵测地毒化孩子的思想吗？难道让她告诉孩子们不要去尝试看似做不到的事情；不要有梦想；克服不了的困难还是不知道为好？她是个白痴。我们应该要勇敢地面对挑战，失败了也不可耻，站起来，打起精神，准备接受下一个失败。偏安一隅，则会错过成就未来辉煌的机会。

我的教育理念是：相信每个孩子都有与生俱来的、无师自通的智慧；我相信如果你能够肯定孩子们的创造力，并予以奖励、表扬，那么他们就会以非常积极的态度去学，去研究，去用功。

每个孩子都能成功，每一个都能。但是有的时候他们就像是蒙尘的珍宝。擦亮他们吧，让他们发出绚烂的光彩！

几年前，我教过9年级最差的一个班。我教英语，每周三下午两节课。他们大约十三四岁，大家都觉得他们差得无药可救了。可是这些被人们忽视的孩子中，有不少天才。

维尔和查理形影不离，都坐轮椅，每天早上搭同一班校车来上学。他们都是好孩子，但是有些人看他们腿脚不灵活就认为他们的脑子也不灵光。其实不然。虽然维尔和查理在学业上面不突出，但这并不意味着他们没有才能。实际上，从他们对莎士比亚的《罗密欧与朱丽叶》一书的态度就可看出。他们如饥似渴地读着。"这本书真××的很强，老师。"他们异口同声地说。我告诉他们别用"很强"这样的字眼。后来，在学校的戏剧表演《麦克白》中，我让他们扮演两个凶手。他们演得好极了，恰到好处，把无耻的凶徒演得惟妙惟肖。查理对另一个老师是这样描述我的："一个等待夜幕降临的吸血鬼。"（毕业后，他有一回来看望我，后面跟着一个非常漂亮的乖女孩。他告诉我，他如何坐着轮椅完成了伦敦的马拉松比赛，还鼓起手臂的肌肉给我看。）

班上有一个叫帕特丽夏的女孩。她来自西班牙,因为不会说英语而被安排在了差班。(这种愚蠢的做法总是让我很诧异。)一天下午,我看到她静静地坐在走廊里,全神贯注地读西班牙文的《洛尔迦诗集》(Federico Garcfa Lorca)。我停下脚步,非常吃惊地看着她。(洛尔迦的诗是非常难理解的,当然也非常值得读。)我说:"哇,不错嘛,帕特丽夏,读洛尔迦呢,真了不起。"她自豪地把书抱在胸前,扬起下巴骄傲地说:"老师,我爱洛尔迦。"那时候,她还说不出几句英语,发音也不准确;但是,在自己的母语方面,她真是一个天才。上大学时,她读的是语言学专业。中学临毕业前,帕特丽夏在我的办公桌上留了一张纸条,上面就写了一句话:"Thank you. You are the one who change my life."(感谢你,是你改变我的生活。)她还是没学会动词过去时的正确用法。

他们三人不过是我们国家某个小地方学校的一个差班的孩子。教育体制有时候应当要宽容地对待这样暂时落后的、和别人不同的孩子。如果有人相信他们,赞美他们,与他们感同身受,他们就会如鲜花般绽放。在孩子的一生中,只要能有一个人告诉她,自己相信她的能力,而这个人又恰好是她的父母,那就足够了。

我从未讨厌我教过的任何一个孩子。他们每一个都是独一无二的、特别的孩子。他们的潜质也许有高低,但对于我都是一个挑战,潜质高的不一定就更好。他们的潜力表现在不同的方面,无论是哪一方面的,他们都有权利去发挥他们的潜能。

有的孩子非常特别，老师会给他们开小灶。学校里的老师都是大学毕业的专业人士。某个学生如果需要特殊对待的话，那么就要及早开始。然而，如果觉得孩子的进步没有达到你的要求的话，你就应该考虑一下她是不是在某方面遇到了困难，并立刻联系她的任课老师。如果实在担心，就联系一位SENCO，即特殊教育需要协调员。如果孩子遇到了严重的学习困难，她会得到一份需要特殊教育的报告，以便于在课堂上得到特殊的帮助。获得这份报告可能要等上很长的时间，家长要耐心地等待。

没有无可救药的孩子。在专业人士的帮助下，这些有特殊需要的孩子会发生令人惊喜的转变。我见过几个脑瘫的男孩子，他们在学校的戏剧表演中担任主演，在听说课程中得了"A"，有一个后来还成了戏剧界的名角。

教育的目的是什么？

"教育的目的是什么？"这是个深奥的哲学上的问题，几百年来众说纷纭。有的说要理解付出与回报是有联系的；也有的认为，要明白快乐是偶然的，是积极行动的副产品。但是，教育绝不仅是如此。一个好的老师会培养孩子好问的精神，鼓励她质疑的勇气，教给她挑战前人既定观点的方法。成功的教育应该要告诉学生历史的价值和我们所犯的错误。更重要的应该是：源于教育，回报教育。

学习的过程应该是兴奋的、活跃的，应该表现出乱哄哄的无拘无束的气氛。它应该点燃激情，并将这份激情保持到成年。它应该让孩子们认识到他们每一个人都拥有独一无二的天分、才能和能力，而且还应该教他们主动地去反对学校的很多做法；思想上和行动上规规矩矩不一定是好事。

小时候，对我影响最大的老师是莱瑟姆先生。也许他自己还不知道，我对他有多么的感激。上课的时候他鼓励我大胆地尝试，而不需要担心被责骂。每次他让我们写短文，我都会写一首蹩脚的诗交给他（真的是糟糕透顶的），但他从没有批评过我，几乎是默许我这样做。他知道15岁的孩子喜欢别出心裁，他让我自己明白如果在考试中也这么答非所问的话，是得不到好成绩的。

英国的加工业时代已经过去了。现在我们主要出口的是知识产权。要想设计出人们愿意掏钱买的、新奇的东西，需要人人都成为梦想家，而不只是会重复和服从别人的想法。"重复与服从"的工作现已不多了，只有那些适应性更强的移民劳工在做。现在，我们的孩子们要学的不是想什么，而是该如何想。当然，教育应该灌输一种职业道德，而不是强加给他们一种奥威尔式[①]的、"工作有好处"的命令。工作了并不意味着就自由了。最残酷、最有讽刺意味的证明莫过于在奥斯维辛集中营入口处的门楣上写的一句话："劳动使你自由。"在狱中，一群人强迫另一群人做廉价的、重复性的工作。

而"努力工作就会有回报"之所以成了陈词滥调，是因为真理就像是病毒，尽管你努力想遏制它，它还是会传播开来。生活中，我们不能保证在学校用功读书就能考出好成绩，然后得到一份令人满意的好工作，并最终过上幸福的生活。不如意的事时有发生。但是，孩子们如果不积极地面对每一天的生活，那么要获得幸福美好的生活就只能是凭运气了。听说过"屋漏偏逢连夜雨"吧。成功要靠努力和决心获得，要尽自己最大力量去获得。

纪律和规定
我不喜欢用纪律的条条框框去约束人，特别不喜欢五花八门的惩罚办法。纪律应该是自律而不是他律，否则你就会依赖别人来约束你。

关于纪律，近年来政府提出了一些让人非常不舒服的非常愚蠢的主张，特别是令人反感的"零容忍"[2]政策。这与英国哲学家和社会改革家杰里米·边沁的主张是截然相反的。他提出刑罚要视罪行而定，这样就不容许法官再把吸食大麻与种族灭绝两种罪行混为一谈。美国有些法官别出心裁地决定抛开这种理智的观点，对一切犯罪行为都处以绞刑。

推及到教育方面，这么管理孩子，不仅非常恶劣，而且肯定起不了任何作用。班上哪个孩子放了个屁，就把他赶出去，理由是不能让其他的孩子跟着放屁。难道一所能容纳 1000 个孩子的学校，只能容得下一个不敢放屁的孩子吗？他拼命想要把屁憋回去，坐在窗边，面色苍白、瑟瑟发抖、忐忑不安。而人们却任由其他的学生在公园里嬉闹、抽大麻、杀人，还对着失了业的旷课训导师竖起中指？

我不反对规章制度。孩子们需要它,也喜欢有规矩。如果某堂课上来了位代课老师,孩子们肯定是首先欢呼起来,以为整节课可以放羊了。可是叫得再欢,老师也不会答应的,结果肯定让孩子们很失望了。他们知道教育很重要,也知道规矩就是大人出于为他们安全考虑而设置的不可超越的界线。其实,代课老师来了,孩子们会感到不安:"我安全吗?这节课我能学到东西吗?"给孩子定下规矩,说明你关心他们的安全。也许他们会心生不满,但实际上他们喜欢有规矩,也愿意守规矩。事实上,给孩子规定哪些地方不能去、什么事不能做,就意味着在安全范围内他们可以玩得开心。规矩搭建了一个框架,可以让孩子们在允许的范围里可以无拘无束地思想,去发掘有趣的事情。学校里的规章制度也是出于同样的考虑。孩子应该要绝对遵守这些规章制度,就像在家里遵守你的规矩一样。不能保证她绝对不会犯错误,她也许偶尔会。但是,只要老师不是那种缺乏想象力的、无聊的人,不会只把规矩当作宗教一般来信奉;孩子一旦对所犯的错误产生了悔意,就应该马上原谅她。

在学校里,如果孩子与某个老师或者学校制度产生冲突,有一个方法一定能平和地解决这个问题,各方面都不会受到伤害。对一些家长来说,我的建议可能有点难以接受,但是理智一点,这点建议非常重要。

那就是:永远要站在老师这一边。

绝大多数的老师确实是可爱的、温和的、友好的、聪明的人。

他们从事教育，因为他们喜欢孩子，为了孩子们他们一定会尽最大的努力。他们不喜欢与孩子们发生冲突，他们的工作是鼓励孩子。但是如果孩子一再违反学校的纪律，老师就要处理了，因为他要对班上所有的孩子负责。如果孩子在学校里做了不该做的事，而老师却听之任之，那就是失职了。聪明能干的教育工作者们有着多年的经验，不会编造谎话来责备孩子们。老师如果撒谎了，只能是因为有些真相以不知道为好。然而，有许多孩子就是扯下弥天大谎，也是那么开开心心、满不在乎。如果他们认为这样可以避免尴尬，就一定会拼命地去圆这个谎话。你的孩子会这样，我的孩子也会的。因此要信任老师。他会指导你和孩子尽快地、不太费力地解决纪律方面的问题。错就错在有的家长会咆哮起来喊道："我的小约翰从不撒谎！他只是做不来！"这么做对谁都没好处，老师会认为你的精神有问题。不到半小时，所有的老师都会知道这件事，而从此回避你的孩子。不要这么做，无论孩子说得多像一回事。

说到家里的规矩，像要不要完成作业，在家要不要学习，就完全在于你了。有人认为孩子应该一进家门就去做功课，有人认为可以等到晚饭后。哪一种更好？可以问问孩子，什么时候她觉得学习效果最好，就让她什么时候学习（只要不是为了躲避学习而找借口就好了）。教育如果能做到让孩子们认真对待家庭作业，不在课前 10 分钟去抄同学的作业，就算是成功了。

表扬——调动积极性
在学校里，表扬是调动学生积极性和班级管理的重要手段。如果一个调皮的小男孩没有做到该做的事，比如说不肯坐下来，老师不会因此涨得满脸通红，对着班上的学生大声训斥，而是赞许地看着一个做得好的孩子。选择他，不是因为听话的孩子更胆小，更好对付。老师不会批评听话的孩子，老师喜欢听话的孩子。他看着孩子，热情地表扬他："做得很好，约翰。谢谢你这么快就做到了老师的要求。这真是好极了。我发现你每节课前都把文具拿出来放好了，从来不用老师说，每次拿出来的东西都对。顺便说一下，鞋子很好看，还有发型也不错。"等老师转过身的时候，他会发现那调皮的孩子已经坐下来拿出了文具，坐得直直的，甚至还整理了头发，他可从来没有这样乖过。

人人都喜欢被表扬，下至8岁上至80岁。这是最简单，也最容易运用的心理战术。如果我是一个员工，有人让我做这做那，恐怕要让他等上一阵子。但是如果说点好听的，夸夸我，我会为他赴汤蹈火的。对孩子也是一样的道理。如果你想让孩子去做作业，别威胁说要惩罚她，只需表扬一下她上次做的作业就好了。

表扬不宜多，但要具体。否则就会像我学校的那个副校长一样，每次开会前都会不着边际地胡夸一通："好！""很好！""非常好！"结果有一次，一个孩子大声地问他：什么东西好、很好、非常好啊？副校长被问得十分狼狈，他说："我不知道，好就是好，是吧？"花言巧语糊弄人没有任何意义，别人很快就会识破的。我挑了班上的一个孩子，尽情地夸奖她："珍妮，我发现你整节课听得非常认真，眼睛一直看着我。我喜欢你的身体语言，对我很有帮助。"如果你正在想办法提高她做作业的兴趣，那么就好好地夸夸她，说具体些，表扬她上次作业哪里做得好，相信她这次会做得更好。这样你会发现她一下子奇迹般地乐于去完成这项任务。

参与

的确，孩子们上课胡闹只是因为他们觉得无聊。最简单的解决方法，就是别让他们觉得无聊。为了不让孩子们把纸飞机扔到我的头上，我的方法就是让他们知道，要他们做的事情比折纸飞机有趣多了。如果他们实在忍不住要朝着老师的脑袋扔纸飞机，我就答应他们把第一句话写在这张纸上才可以折飞机。第二个孩子到前面捡起飞机把第二句话写在上面，再折好，我就站在那里等着它朝着我的脑门飞过来。

21世纪，老师们面临的一个主要挑战就是学生的注意力持续时间不长。如果一个孩子走神了，你或许会大喝一声或者严厉地批评他，但却不能把他的注意力拉回来。

我发现有一个简单的方法可以保持孩子们的注意力。用这种方法启发他们：学习中完成的活动越多，解答问题采用的方法越多，他们就越能保持这种亢奋的学习状态，这样他们才能从学习中得到快乐。刻板的方法只能让孩子很快就感到厌烦。所以，让孩子们专心有一个重要的技巧，那就是不断地给他们惊喜。

老师们问我的教学风格如何，我说除了吹牛撒谎、饮酒作乐、传经布道以外，我真是用尽了一切方法。聪明的孩子不会答非所问，也没有什么是他们理解不了的。最好的教育时机往往就在你们否定他们的一瞬间突然闪现：不要认为他们不可教，或者落后太多。有道是：无限风光在险峰，成功只在细中取。

本书介绍了许多不同的学习方法，可以结合使用，因人而异。如果你为了帮助孩子解答某道题，或者为了帮助她复习迎考，而试着从第2到第8这七个章节中任选一个活动在50分钟内随随便便地完成，你就算是在帮倒忙了。因为她刚刚把注意力集中在某一个方法上就马上要被转移到另一种方法上。如果某种方法效果的确不错，那么就坚持用这一方法吧；如果效果不好，就立刻停用，不必担心有什么问题。孩子越是熟练掌握不同的方法，她能学到的就越多，而你也会从帮助她的过程中得到越多的回报与满足感。

保护孩子不受压力

你之所以翻阅本书，也许因为你正遭遇着每个父母的噩梦——孩子正从小学过渡到中学。如果是这样的话，我表示同情。或许你担心孩子没有进步，要不就是你正在找寻方法让孩子发奋努力。也许你想从考试入手，找寻一些能让她考高分的技巧。本书的练习适合各个年级。如果你定期做这些练习，我可以保证一定能提高孩子学习的乐趣和成就感。

特别提醒一下：无论在任何时候，千万别用这本书来拍孩子的脑袋，训斥他们偷懒。这本书的作用是激发孩子学习的快乐，不是增加他们的负担。你小时候的作业比你爸爸的多吧。现在孩子每天带回家的作业量会吓你一跳的。现代社会充满竞争。

前首相布莱尔先生曾经提出的三大重点是：教育、教育、还是教育。从此，英国的学校以及老师和学生们不得不面临无法想象的压力。

学校联盟排行表（往往并不准确）也许会显示某所学校是好是坏，但是这种愚蠢的方法对无辜的学校确实有着致命的打击。只凭考试成绩来评价学校好坏的制度本身就非常愚蠢。这种制度认为，一所顶级的私立学校，只要培养出能够通过考试的经济和社会的精英，它就比其他学校好，哪怕后者抚平了难民儿童的创伤、教会了母语非英语的学习者流利地说英语、让出身于厌恶教育的家庭的孩子转变了态度，并获得了成功。但是这种学校联盟排行表不会很快消失掉。其考量当地学校校长的业绩不是看她为孩子创造了多么好的环境；也不是看孩子在学校是否快乐；而是看有多少学生能超过人为设置的分数线。如果这样的学生人数不多，那么她就随时有可能丢了工作。所以她就把追求考试结果的压力转嫁到老师们身上，老师再转嫁给他们的学生。结果，孩子筋疲力尽回到家里面对一大摞不会做的作业而无从下手。英国的教育的确像吹嘘的那样取得了些进步，但是，这些进展就像是一座沙堡，付出的代价是——老师们英年早逝，孩子们则精神崩溃，想象力得不到发挥。我们学校里有 10% 的孩子以及超过 10% 的老师都患有精神抑郁症。之所以有这个结果，是因为某个走大众路线的政客说我们学校的水准不够好。

如果你的孩子就读的学校给她太多压力，剥夺了她快乐的无忧无虑的童年的话，那么唯一能够保护她的人就是你了。要是她作业太多，就告诉校方你认为学校的要求是不合理的。我听过一个关于上世纪80年代的一位历史老师的故事：这位老师罚一个初中一年级的学生在第二天早上9点之前抄完整部《旧约全书》。这个可怜的孩子的妈妈深夜里哭着打电话给这位老师说，孩子才抄完第一章《创世纪》的一半，能不能延期？以前，老师做出这样的事情，可以算是过分的玩笑，但是现在看来，也许一点也不过分了。

教育的快乐
孩子们的快乐和自尊比考试委员会给他们打的分数重要得多。如果孩子能保持对自己有积极正面的认识，那么她的生活就会是快乐充实的。正是这种积极的自我认识才能保证学有所成。为了孩子的教育和今后的人生，父母应该理解这一点，因为你们是能够引导她对自己有积极认识的重要人物，这也是为人父母最重要的艺术。

教育让孩子的童年暗淡无光，辛苦的学习代替了欢乐。父母和老师应该要明白，在孩子整个学校教育的过程中，应该要保持像我儿子雷恩画房子时所表现出来的智慧和兴趣。在丹麦，孩子8岁才开始学习阅读。如果孩子注意力不集中了，老师就让他们放下书本到教室外面带着他们玩儿。孩子8岁前，老师主要是教他们玩儿和说话。阅读是愉快的事。如果孩子们不把它当作是游戏，而当作是费力和令人泄气的事，他们就不会喜欢阅读。丹麦人的受教育程度比英国人高出很多，就连政府也承认这是明摆着的事。

端正了自我认识，培养了学习兴趣，自然会考出好成绩。研究人员在一流的女子学校所做的研究表明，学生们想门门都考A，承受的压力是巨大的、极端强烈的；那些有时考A有时考B的同学会觉得自己非常失败，而这种自责将会一直伴随着她，影响着她的工作和人际关系。如果不想要这个结果，你就应该引导孩子认识到学习本身的价值，明白好成绩（当然会有的）有一定的偶然性。

本书的目的在于让家长深刻地了解孩子以及她的能力，了解每天课堂上的事情，了解这10年来教育的发展历程；以便能结合自己孩子的情况，给他们灌输快乐学习的观念。正如我朋友杰森·米勒不久前说的："工作一定要有趣，不然就会很痛苦。"

有两点我希望你能记住，这也是我与孩子们相处的基本准则。

第一点是教育家大卫·基林的观点。他在《独立思考大全》一书中提出，每个孩子都面对两种声音。按照大卫的原话，一个声音告诉她："你是垃圾，你是废物，没办法，因为你做错了，所以大家笑话你。"另一个声音则会告诉她："你很美丽，你有才华，你绝顶聪明，你的天分无人能及；像只猛虎一样去打败他们吧。"作为父母，如果你能让孩子不去相信她在学校听到的第一个声音，你就给了她无数可以成功的机会。

最后一点，也是最重要的一点，是从我最早也是最好的老师——我的妈妈和爸爸那里学来的。当我还是普普通通的学生的时候，我从我的家人那里得到两种不同的态度。第一种来自我的外祖父。如果我考试前压力太大，想要一两片安定，他非常乐意塞给我几片。这样的帮助有什么用？第二种是我父母给的，非常管用。他们说：尽力了就行了。如果孩子放学回家、参加完考试、曲棍球比赛或者戏剧比赛，能够站在镜子前诚实地对自己说她已经尽了自己最大努力了；那么无论如何，你也没有权力再对她提其他要求了。她是否赢了比赛没关系，如果她能够在事后面对自己说自己尽力了，那么以后无论发生了什么事她都可以面对。

这一点要常常给孩子念叨念叨。这将会令他们终身受益。

1. 孩子独特的天分

—— 多元智能与学习方式

凯尔西公园男校并非名不副实。该校位于凯尔西公园对面，没有一个女学生。

那时我们12岁。大一点的男孩子们常常会想起我们的英语老师邓德戴尔小姐。我们国家每一所学校的老师都有一个以姓名缩写为代号的称呼，可以为繁忙的行政人员节省时间。我的代号一般是PB或者PBE。邓德戴尔老师的是DD。她半开玩笑地说DD也是双钻牌啤酒的缩写。它的广告词是："时间创造奇迹"，她笑称她也同样可以。

她的确创造了奇迹。开家长会的时候，她给我妈妈看我写的一篇小说，写的是我在海滨小镇康沃尔捉了一只小鲨鱼，因为讨厌它，就把它扔回海里。她告诉我妈妈说我有想象力。我至今还不很明白她为什么这么说，但是这30年来我一直记着她的这番话。

她还为另一个孩子"创造了奇迹"。这个孩子我认识。

上小学的时候，午间休息期间我总是会和一帮朋友们一起踢足球。我们这群人非常开心，并不真的知道，也不会去注意别人与自己有什么不同，如他们有着怎样的肤色、多少的财富或者学习如何，我们都不关心。上中学（即 7 年级）的第一天，我们被分到不同的班上了。（后来我才知道这就是所谓的"分流"。）我坐在学校礼堂里，看着我的一群朋友们到了别的班级去，只剩下我和其他 29 个男生进了"尖子班"。我们都戴着眼镜，说着优雅的英语。大家说我们是"高材生"。我原来学校来的就只有我一个"高材生"，我走过去和新同学坐在一起，与这些安静的、好学的"尖子生"坐在了一起。

后来，我小学时的朋友与我都渐渐地忘了彼此。美好纯真的童年友谊已不复存在。因为是尖子生，我们变得瞧不起人，觉得自己非常了不起。而在"辅导班"的老朋友们则变得放浪形骸、撒谎、逃学。到了第二年（8 年级）下学期，我们完全是两类人了。我小学时候的好朋友阿兰再也不和我说话了。在食堂排队打饭的时候，我听他在别人面前称呼我时只说我的姓"比德尔"，可小时候我们都是直呼其名的。现在他觉得我不配做他直呼其名的朋友了。我是运气好的孩子，他是懒散的孩子。对此我感到非常伤心。我们的父母是朋友，我也去过他的家。到了 12 岁，我还是非常想念他。

有一天，在邓德戴尔小姐的英语课上，又听到了阿兰的名字。有一个尖子生高声叫道："噢，是阿兰，他是个笨蛋。"我听了非常难过，因为虽然他不想理我，但我还是把他当朋友。而邓德戴尔小姐就不仅仅是难过了，她的反应非常激烈，她激动地说："笨蛋？你说他笨蛋？阿兰可以用一个下午的时间把车子的发动机整个拆掉，再按照记忆中的样子重新装好。你能做到吗？能吗？所以，再也别让我听见你们叫别的同学笨蛋了。"

她可真酷。我想这个倒霉的尖子生应该得到教训了。同时也给我上了堂非常重要的课，并且至今对我的教育生涯还有着重要的意义——谁也不是笨蛋。也许有的孩子还不知道自己擅长什么，但是谁也不傻。

我教过的一些比较难教的学生，不知为什么，他会认为自己没有才能，不聪明。这么看自己，学习就会有障碍了，就不能从学校教育中获得自己所需的知识。有些科目学起来比较费劲，他们就开始觉得自己肯定学不好。当然，他们肯定能学得好。打个比方，削土豆皮不必用榔头，而不用罐头刀就开不了罐头一样——正确的方法很重要。要了解孩子的内心世界，要让他们相信自己一定会学好。每个孩子都是聪明的，各有所长，与众不同。

多元智能

对于无数的教育工作者来说，能够触及孩子们的心灵、让他们知道自己有多特别的理论是由美国的心理学家霍华德·加德纳提出的。加德纳是世界上研究人类智能的权威学者之一。1983年，他提出了多元智能理论，我想这就是那把能打开孩子心灵的开罐器了，因为教育制度而黯淡无光的孩子们终于可以重放光彩。

加德纳对教育界的影响是不可估量的。不久前伦敦学校委员会专员提姆·布莱格豪斯（Tim Brighouse）甚至认为，就其理论的意义而言，加德纳应与发现地球绕着太阳转的伽利略齐名。布莱格豪斯是一个智广识博的人，我深信没有适当的理由他是不会夸大其词的。

加德纳的理论简单说来就是：智力是无法定义的。IQ之说不仅无用甚至有害，因为它只能衡量一种技能，即解码能力。（智商测验，一种客观的智力测量，近100年来，毁人无数，仅凭一纸测验就敢妄断别人智力有缺陷。）对加德纳而言，智能实际上由多个独立的能力组成的，需要用不同的方式测量。没有谁的智能高过别人，因为它们在我们一生中是不断发展的。想象一下，当石器时代的两个山洞人遇到凶猛的老虎时，其中一人有较强的数学和逻辑智能，能够精确地计算出老虎逼近的角度；而他的同伴则有较强的身体运动智能，这时候已经跑开了。"谁聪明？是书呆子吗？"

邓德戴尔小姐要我们明白的道理也是一样的：我的老朋友阿兰有着与"尖子生们"不一样的智能。尖子生可以写出好文章，这是毫无疑问的。但是阿兰可以做出实用的东西。他动手能力强。可不要小看动手能力。我的爸爸可以更换热水器上的电线、粉刷房间、盖厨房，在一张纸上设计出非常复杂的机器，然后再制作出来，而做这些事的同时他还能腾出手来把地扫了。简单地说，他是我见过的最聪明的人之一了。可是在学习方面，他简直是判若两人。

加德纳认为人类智能可分为七大类。

身体/运动智能：即运动智能，指的是协调性和敏捷性。运动智能占优势的孩子通常在接球、抛球、踢球方面表现得非常出色。他们可以成为优秀的舞蹈家、运动员、机械师或者木匠。

这一点在教育上也许要特别引起注意，因为我们许多孩子，特别是男孩子，这方面的商数非常高，却又常常完全被忽视掉了。因而孩子们就会失去进步的机会。如果老师真的想让班上的孩子有事做，他可以让他们离开座位，动动身体，或者动手做一些事情。

往往那些学习上特别吃力的孩子拥有极高的运动智能。同样是采访一个人，如果让他坐在电视节目主持人的前面，他可能会一言不发，但是如果你在他修车或者动手做别的事情的时候采访他，就有可能立刻打开他的话匣子。在学校教育中对许多男同学也要用同样的方法。

人际关系智能：也就是人际交往能力，能够直觉地感受他人情绪，并且能够顺畅地与人交流。

人际关系智能占优势的孩子往往是中心人物，可以与任何人相处，不害怕任何社交场合。如果缺乏人际关系智能，那么在学校里你大多数的时间只能坐在操场边上羡慕地看着其他人玩啊，笑啊，欢呼啊。这种智能不论在工作上还是学校里都非常重要,否则生活就会非常沉闷。

内省智能:这种智能较突出的孩子有很强的审视自我的能力,有自我认知和思考能力。

通常,人际智能缺乏的人在自我认知方面较突出,当然并非绝对如此。因为没有人际智能,就没有朋友,就有很多时间用来思考这个世界是多么不公平,考虑现在要不要去买件黑色的翻领衣服,要不要开始抽高卢香烟,或者要不要装模作样地读法国作家的小说,尽管连作者的名字都读不出来。

有强烈内省智能的人是值得交朋友的。他们也许不爱交际,不爱多说话,但是由于他们对世界以及自身都有很深的思考,所以他们的观点非常值得倾听。

视觉/空间智能:指对空间和形状的认知能力,强烈的视觉能力。例如,方向感很强的人能够自如地穿行于陌生的街道上,或者通过世界的视觉表象来了解世界。

我完全没有这种智能。有时候,我的妻子让我在美术馆里逛逛,我非常不情愿地去了。她兴致勃勃地研究着一堆砖垒起来的东西。我在一旁沉默不语,深信泰特现代美术馆馆藏的所有的艺术品的价值还不如老鹰乐队 B 面歌曲[③]里的一支曼陀林乐曲;而且馆里的涡旋厅看起来真的很适合摆放涡轮机。

有超高视觉智商的人是以画面来思维的。他们生活中的事件在他们的大脑皮层中留下了各种各样的印记。大量的电视节目拍摄人们在设计东西，或者翻修房子，目的是要吸引有强大视觉智能的人。假如，在这样的节目中，人们以令人惊叹的难以置信的口吻谈论"匀称的功能线"、"空间"，你一定不知道他们在说什么，这是因为你和我一样缺乏视觉功能。（或者，也许因为不论是怎样的"空间"都被声音填满了。）

音乐/节奏智能：指的是能够记住乐句，把握旋律，感性、大方的说唱能力。

我们当中有些人曲不成调，而有些人随手拿起一样乐器就能马上弹奏起来。会玩音乐，或者热爱音乐都是件令人愉快的事情，可以丰富我们的生活。在如今的英国教育中，音乐应该有更加重要的地位。有这么一句话："英语这门学科就像是存在于普通金属之间的水银"，意思是英语应该渗透到各门课程当中。音乐却没有，但是我认为应该要如此。

逻辑/数学智能：指的是解决问题，循序渐进地解决复杂问题的能力。比如下棋时的演绎推理能力。

这一点可能让思想守旧的沙文主义者颇感得意，因为这种智能常常见于男性：即运用逻辑推理能力，化整为零地解决问题的能力，而且不论工作的大小都能如期完成的能力。在这方面有高度智能的人可以逐步地解决每个细节问题，得出答案，但是在解决情感方面的问题时，就会差强人意。

语言/言语智能：指的是有文字天赋，有较好的读、写、说的能力。

如果孩子驾驭语言的能力较强、喜欢读书、一说起话来就能滔滔不绝，那么他们可能有着极强的语言智能，你应该避免与他们争论。

我说过多元智能是了解孩子内心世界的途径。在下面的几个章节中我会再次提到各个智能。通过它们，我们可以重新定义孩子的自我认识，特别是那些因为失败而自惭形秽，不敢正视别人的孩子们。有的人会理解他们，有的人会嘲笑他们。如果常常说孩子是傻子，那么他们就真的会变成傻子。评价他们的时候，要选择正确的措辞，他们才会认识到自己有特殊的能力，并且引以为豪；不管这些特殊能力是多么的微不足道，他们终将会变成蝴蝶，破茧而出。

多元智能测试

如果在往下读之前，你想了解你孩子拥有哪些突出的智能，他特殊的技能和兴趣表现在哪里，你不如与他一起完成下面的问卷。带着轻松愉快的心情去做，把它当作是小报周末版上的生活小测验，诸如："你的床上功夫好吗？""你是好妈妈吗？""你是不是个糟糕的家长，是否对此觉得非常、非常、非常歉疚？"

如果孩子在某个方面成绩不如别人，并不意味着他就缺乏这方面的智能；也不意味着你只要读本书中那些涉及提高成绩的章节就行了。观点就一个,即要弄明白他的强项是什么,还有哪种教育形式对他最有益。比如说,你最后发现孩子有很高的音乐智能和语言智能,那么你最好要指导他通过歌曲和文字来学习东西。如果他的人际智能和视觉智能很强,那么最好使用图片和辩论为主的学习方法。

身体/运动方面
你参加体育比赛吗?
你是否很难长时间安静地坐着?
你是男孩吗?
你的奇思妙想是不是在走路的时候产生的?
你打过架吗?
你是否喜欢与父母疯玩?
你喜欢被拥抱吗?

人际关系方面
你能说出10个或10个以上的好友的名字吗?
你认为自己外向吗?
你喜欢聚会吗?
小组活动中,你是组长还是组员?
一般说来,你喜欢与人交往吗?
你在社交场合感到自在吗?
第一天上学,你是否觉得自信?

内省方面
你,或者别人认为你爱思考吗?

你喜欢一个人呆着吗?
你害羞吗?
你对哲学/心理学感兴趣吗?
做决定之前,你喜欢花点时间仔细地考虑所有事情吗?
你写日记,藏日记吗?
你是否只有不多的几个好友?

视觉/空间方面
你喜欢参观艺术馆吗?
你能记起自己的梦境吗?
有没有什么影像是你永远不想再见到的?
你的家中有没有挂着海报或者画品?
今年改变过房间的布局吗,重新油漆过房间的任何部分吗?
你一年理发次数超过3次吗?
你这个月买新衣服了吗?

音乐/节奏方面
你是否有数目可观的CD碟?(对小孩子来说10张以上就很可观了。)
你是否喜欢开着音乐工作
你是否拥有乐器?(不会弹也没关系。)
你能区分至少5种音乐类型吗?
听音乐的时候,是否想过如何使它听起来可以更好听?
你有没有尝试过模仿一种乐器的声音?
你是否很容易就记住了歌曲的旋律?

逻辑/数学方面

你喜欢解决与数字有关的问题吗?
你做过数独游戏吗?
你是否可以精确地目测出物体的高度或重量?
你的方向感好吗?
你是否认为你的数学很好?
遇到一件大工程,你是否能将它化整为零、轻松地解决掉呢?
你是否有很好的理财观念?

语言/言语方面

你喜欢填字游戏吗?
你写日记吗?
今年你读过的小说是否超过两本?
你是否很容易就记住歌词?
你或者他人是否认为你语言表达能力强?
你是否喜欢写故事,并且受到大家的喜爱?
你喜欢查字典吗?

现在合计一下在每一个智能方面你孩子回答"是"的次数。算算每一方面那 7 个问题的分数。最高的 2、3,甚至 4 分(如果持平的话)既可得知你孩子的强项在哪里。这也显示了最适合他的学习技巧。

学习方式

这是另一个主导 21 世纪初的英国教育教育的理论。它是独立的理论，不同于多元智能理论，但是两者有一定的共通之处。为了上好课，好的老师会结合使用两个理论。

我们有五种感官：味觉、嗅觉、触觉、视觉和听觉。正是通过这几种感觉，我们才能接受新的信息。蜘蛛侠当然像蜘蛛一样，拥有非常灵敏的、预知危险的第六感，但仅有一小部分的孩子有这种感觉，他们通常患有阿斯伯格综合症，有轻微的自闭障碍。现在，多数的课堂对"预知危险第六感"、味觉和嗅觉涉及甚少。很少见到有关于嗅觉和味觉的课吧。我曾经见过一个教自然科学的老师，在解释"扩散"这一概念时，往孩子们头上喷香水；有些英语老师分糖果给学生们吃，让他们写出糖果的味道。这些做法都很好。可我从没听说哪个老师会说某个学生是嗅觉型或味觉型的学习者。这是有充分的理由的。试想一下，有个家长对老师说："很抱歉，我的小约翰不会做阅读题。他是味觉型学习者。他要靠味觉来接收信息。"这个可怜的老师如果要为小约翰制定一个单独的学习计划的话，他有可能遇到这几种情况："班上 29 个学生读书，而小约翰要吃书。""29 个学生把硫酸和硝酸混合在一起，而小约翰却要喝掉它。""29 个学生在泥地上踢足球……"我还可以列举出很多。我也很怕与富有嗅觉表现力的学生单独呆在教室里。实际上，老师们把 3 种主要学习方法称为视觉型、听觉型和触觉型(简称 VAK)。

也就是说，我们通过，看、听和触摸的方式来接受大多数的信息。有人提出，我们每个人都按照自己喜欢的方式来取得新的信息。和多元智能一样，我们有自己独特的学习方式。例如，在学习过程中你的孩子也许50％靠视觉，30％靠听觉，还有20％靠触觉；也就是说，通过看图片、地图、图表和其他视觉刺激物，他的学习效果最好。

我见过一些课堂情况似乎可以证实这一理论。很多男孩子似乎很喜欢"运动学习法"。比方说，拉希德在家中自发地把《麦克白》中关于匕首的一段话翻译成林加拉语④，仅仅出于兴趣。他在同学面前表演这一段独白，后来由教育部制作成录像带，送到国内各个学校展示。可我最初见到拉希德的时候，他无法坐着阅读，但如果让他站起来，让他四处走动，他马上就能理解所有文字的意思，连最难的文章他都能倒背如流。这样的例子我见过几百个了：孩子闷闷不乐地坐在教室后排，每节课都无法完成课堂任务；但是如果你让他稍微离开座位一下，他就立刻活泼起来，参与到课堂活动中了。

如果你担心孩子没有达到他应有的水平，有可能是因为他没能使用他喜欢的学习方式。我想方设法让孩子们专心上课，苦口婆心，结果发现视觉刺激物介入时他们就会非常活跃。比如平面设计师罗曼，他以前连单词拼写都不会，一到听说课上就一言不发，可是如果给他看一张图，或者广告，他却能把画面展示的涵义都分析得头头是道，连哈佛大学的教授都自叹不如。

测试的形式与内容多种多样，给出的答案也是五花八门，因而难以正确地评价各种学习方式的优劣。某个测试得出的结论是孩子是触觉型学习者，而另一个测试可能会推翻这个结论，说他主要是听觉型学习者。同样地，测试中有关学习方式倾向的信息也是很不可靠的；比如说同一个测试，换个时间做就会得出不同的结论。

我们可以比较肯定的是，如果一个老师只针对一种学习方式来教学，那么整个班的学生是不会共同进步的。每节课老师都要运用 VAK 教学法，也就是说要涵盖 3 个主要的学习方式，即视觉、听觉和触觉。如果在课堂上老师能花 1/3 的时间给出能看得见的例子，1/3 的时间吸引喜欢听的学生，剩下 1/3 的时间鼓励学生们动动身体，调动触觉感官，那么班上所有的孩子每节课至少都能学到 1/3 的东西。

我知道，说大道理让人讨厌，但是它有它的用处：这本书有一些基本的理论知识，可以帮助你了解你孩子独特的潜质。下面我们也会不时地提到一些理论知识，让你更好地了解孩子的教育问题；不过事实胜于雄辩，再傻的人都会玩"20 问"[5]这个游戏，所以接下来书里有很多练习可以与孩子一起完成。希望这些练习可以恢复他们对学习的热情，或者至少丰富一下体验吧。

下面，我们说说你能做到的事。

2. 好动型
——用身体学习

他喜欢动手，擅长体育和舞蹈，喜欢冒险和竞争，喜欢亲身体验来探寻真相，而不喜欢听别人说该怎么做。也许他还会有些奇怪的嗜好，如把东西拆开看看它的构造与工作原理。通常这些身体智能强的孩子很难安静地坐着。

保守派对身体智能的概念颇为不满，我知道为什么有些人会说这是"政治正确性狂热"⑥。（如果不告诉他们所有与众不同的智能，将会限制他们的发展，他们需要有人把他们敲醒。）有的孩子在班上不能老老实实地坐着，他们摇晃着腿，发出让人心烦意乱的声音，不停地用手指叩响桌子，但是经过评估他们有着极高的身体智能；那么我们可以很明确地知道，他们接受的教育并不适合他们。他们需要别的方法。

问自己一个问题：作为成年人，你有几次违背过自己的意愿，被迫整天都对着你并不欣赏的人，听着完全不感兴趣的话题？或者，当与自己的好友坐在一起时，有没有人特别叮嘱你不准与他们交谈？这样的指令会把孩子们的学校变成一个可怕的地方。

我们的孩子中有很大一部分整天努力地端坐在桌前,却无法好好上课,因为这一点,就产生了纪律问题。(也正因为纪律问题,孩子们被留堂、停学、退学。)我想我们有充分的理由要求教育应该给这些孩子更多的机会。以前,11岁的孩子要以成绩好坏来分班,人生从此就以此来论成败(所谓的文法学校制度)。特雷弗·贝里斯,发条式收音机的发明者,当年没有通过升级考试⑦。贝里斯先生认为把他定义为失败者的体制不行。用他的话说,"我甚至连自己的名字都不会写,但是我是玩金属插件玩具的高手。"身体智能的概念充分体现在年轻的发明家、运动员和工程师的身上,他们和特里弗·贝里斯一样,在自己的领域中是天才,可是在学校里却被当作笨孩子而早早地失学了。

我以前的一个学生斯图尔特,12岁时身高就超过6英尺了(1.8米以上),颇受女生的青睐,但他有严重的诵读障碍。要不是上了我们这所学校,他会因为不能读写而认为自己是个失败者,这也将会影响到他的行为举止。在许多学校,斯图尔特都无法完成课程;但是在纽汉,我们会发挥孩子们的特长。斯图尔特像阿兰·汉森一样是个受过良好教育的后卫,我们鼓励他培养从科学的角度看足球的兴趣。后来他渐渐对科学产生了浓厚的兴趣。尽管还是不具备较好的读写能力,斯图尔特毕业时,两门课程合格,体育得了A,科学得了C。现在他在伦敦东区工作,辅导那些与他一样的天才儿童,他们需要有人相信他们,发挥他们的长处。如果不让他发展对运动的热爱,这些都不可能发生。很有可能他会一事无成。

运动学习法是革命性的突破。有些人，包括我在内认为它比其他任何一种教学方法都更管用。孩子们喜欢这种方法。这是让学习变得有趣的一种好方法，完全能够满足某一智能的发展，同时它还是3种主要的学习方法之一。这种方法还有待于进一步的研究和利用，在我看来它给教育带来了活力。这也符合柏拉图的教育思想。

不能忽视运动智能中的性别因素。这一智能明显作用于男孩子，可以为那些挣扎在当今教育体制下的孩子们打开学习之门。要说明为什么他们在坐禅式的教育中饱受挫折，我得要从旧石器时代说起。

很久以前，一个男人和一个女人住在寒冷肮脏的洞穴里相拥取暖。他们额头突出，下唇松弛，毫无英俊美貌可言，但是他们彼此相爱。因为爱，他们有了孩子，孩子要食物，要取暖，要帮助。这两个人要做这3件事。男的山顶洞人不喜欢拢火和换熊皮尿片的苦差事（熊皮做的尿片非常难清洗），所以他对他丑陋的爱人说："你瞧，杀长毛象是件困难的事。我负责所有洞外的工作，你呆在家里抱孩子怎样？"

她越来越后悔当初同意了，因为这男人给了她两件工作——拢火和照看孩子，而第三件事她还得做一半：他只带回了一只长毛象，烹煮猎物的却是她。每天早上他都低着头悄悄溜出去，给女人留下了一大堆的工作，而且因为一手要抱孩子，所有的工作都得单手完成。男人和女人的角色从那时候开始分化了。男人成为捕猎者，身体变得强壮，反应更加敏捷，不把危险放在眼里，渴望到户外去。而女人做家务也更加得心应手了。

无论是出于天性还是经过进化，男性都非常活跃。他们不能忍受乏味的事情，不能安静地坐着，完全不能静静地倾听，除了嘟囔几句，说不出什么有意义的话。所有的男人多多少少都有一定程度的身体智能，而这点往往在我们的学校里没有得到充分的认识和培养。

珍妮特可以愉快地坐着，听老师唠唠叨叨地说左心室或者是隐性情绪失控的机率的问题；而约翰尼一般情况下做不到。男孩子们不喜欢听讲，而喜欢体验或动手实践。如果你强迫一个男孩子安静地坐着听你说一小会儿话，他多半会变得不安分。也许他会用手指敲打桌子，也许他会忘乎所以，站起来走到同学的面前。这不是因为他坏，或者不尊重老师，而是因为出于本能，他无法适应教室给他的束缚。他就是要动。

那么，对于无法静坐于课堂上的孩子，你应该如何对待？他可能会忍不住拍打桌子。当老师面带温和的笑容，充满疑惑地看着他的时候，他却在乱写乱画全然不理会。他的身子老是动个不停而招来老师的处罚。作为老师，你应该把他的缺点看做是优点，允许他四处走动，让他从身体上参与课堂活动，把手弄脏也无妨。如果一个男生对一门课太过活跃，那么说明这门课对于他还不够刺激。如果这门课没有什么要动手的地方，那么给他们找点事情做吧。

我并不是神经学家。我所以知道人类大脑有潜力来自于与孩子们相处的经验。我从来没有研究他们大脑的内部结构，也从来没想过要去解剖他们的大脑，但是有大量的证据说明运动学习法的好处。首先，运动可以加快血液流动，因而促进氧气、水分和葡萄糖向大脑输送，从而产生更多的突触，形成更加密集的脑神经网络。心理学家让·皮亚杰甚至认为思考是潜意识的活动。

学生们在课堂上应该要活跃。如果他们在身体上和思想上把所学的内容联系起来，那么他们学到的知识就能更长久地保存下来。运动学习法是有用的。有时，如果没有什么东西可以打动一个孩子，试试身体活动，也许这可以引起他的兴趣，激发他的学习乐趣和热情。

值得一提的是，前不久我在德文郡巴克法斯特修道院，给穿着便装的罗马天主教修道士做了一个演讲。虽然生长在天主教家庭，我已经有30多年没去教堂了。因为有家人相伴，而且在巴克法斯特也没有什么特别的事，我们就到修道院去玩了。在入口处，有一个盛圣水的容器。为了试试会不会被圣水灼伤，我把右手伸了进去，然后立刻抬起至前额，再到肚脐上10公分处，再到左肩，后又到右肩，口中默念"以圣父、圣子和圣灵的名义"。如果直接问我怎么画十字，我可能都说不上来（至少不能脱口而出），可是我的身体却立刻回忆起了小时候是怎么做的。身体可以吸收和存储知识，这一点也许连大脑都没有意识到。

运动学习法的另一个重要方面就是它肯定了手工制作、搭建和实践的重要性。我们的学生中有许多人将来要从事实践性的工作，离不开动手能力。如果一种教育制度认为，安静地坐着写作这种创造性的活动比制作东西更有价值，那么这样的教育制度就不了解人类的文明史，它会否定掉至少一半的孩子以及他们的孩子，甚至国家的未来。更有甚者，如果一种教育制度嘲笑孩子们的父亲所从事的体力劳动，否认他们的价值，那么这样的教育制度不仅是错的，而且还带有阶级偏见。如果你对一个工人的儿子说他的爸爸是白痴，他一定非常难过。我们现在的教育体制可不就是这样吗？常常暗示中产阶级、白领的工作比体力劳动更有价值，这会疏远大多数的男学生，令他们难过。要是想把中产阶级的价值观强加给工人阶级的孩子，那么就会像我父亲说的那样"大错特错"了。运动学习方法至少肯定了用手和身体学习的效果。

显然，有些科目更容易设计出运动学习策略。比如地理课，不难看出纸质的火山模型有助于学生理解问题。但是不可触知的科目怎么办？身体学习法该如何运用到数学或者英语课上？别急，有办法。身体学习法的优点之一就是多面性。不仅可以做东西，还可以做动作、做手势，什么都可以，总之就是要让身体动起来。

使用动作和手势

标点功夫

标点功夫也许是典型的运用身体动作巩固学习的方法。我在第

4 频道的《点石成金》节目中介绍过。如果你没看过，下面我简单说明一下。一个身穿绿色夹克的家伙，也就是我，带着一群可爱的孩子来到萨福克的一个农场，同行的还有摄制组，他们要偷拍孩子们的活动。其中有这么一个活动引起了观众的兴趣：我穿着夹克，在山顶上，站在一个树桩上与孩子们一起做标点功夫的动作（尽管听我说过这活动的每个人，包括我的父亲，都觉得我看着像个疯子）。

标点功夫是这样做的：所有的标点符号都用相应的功夫动作表示，并加上模仿功夫巨星大卫·卡尔丁的呼喝声。

句　号：右手出拳，迅速收回。"Ha！"喝一声。
逗　号：右臂前伸弯曲至面前，手腕弯曲做出逗号的样子。发出"Shi"的声音。
分　号：先出一记句号拳，在下面比划逗号的样子。发出"Ha！Shi！"的声音。
冒　号：快速连续出两个句号拳。发出"Ha！Ha！"的声音。
问　号：弯弯的小东西可分解成 3 个动作：1. 右手由左至右平移；2. 画弧线；3. 垂直向下。然后打一个句号拳。发出"Shi！Shi！Shi！Ha！"的声音。
感叹号：由上至下，长长地划一竖线，再来一个句号拳。发出："Shiiiiii！Ha！"的声音。
引　号：单腿站立，像"空手道小子"那样，伸展双臂，向上斜举，模仿引号，动动食指和中指。发出"Haaeeee！"的声音。
单引号：右臂向上打开，动动食指。发出"Blubalubaluba！"

的声音。(我想，这个声音最接近舌头在上下齿之间上下抖动的声音了。)

省略号：由左至右 3 个句号拳。发出 "Ha! Ha! Ha!" 的声音。

括　号：先用左手在空中划出弯曲的左凸线，再用右手划右凸线，完成括弧。发出 "Shi! Shi!" 的声音。

标点符号不好教。有的时候，老师压根不教。每个老师都认为，之前的老师肯定教过这么基础的东西了。但是发现孩子 16 岁中学毕业了，对逗号的使用还是完全没有概念。也许因为它是枯燥乏味的旧知识，让孩子提不起兴趣，但是正确地使用标点对于任何一篇文章都至关重要。许多孩子，甚至是已经取得普通中等教育证书⑧的学生们，对于最基本的标点符号的正确使用还是很吃力，所以用功夫把标点动作化，应该有助于他们了解这些符号的功能。如果不会使用逗号，那么就不能达到重点教育阶段Ⅱ的 4 级英语水平。达不到这一水平就不能继续下一阶段的课程。所以最好应该在儿童的早期教育中介绍标点知识。用标点功夫的方法就是为了便于记忆。因为这也是一种身体活动，因此孩子们的大脑和身体都得到了很好的有氧练习，都被充分调动起来了。

运用标点功夫有两方面意义：主要一方面是好玩，另一个方面，它显然有帮助。

先说说好玩。标点功夫要 3 个人一起玩：两个对手一个裁判。(我发现带个领结，或者带上傅满洲⑨式的胡子，更能让裁判进入角色。）两个对手面向对方。裁判说"大写字母"，两个对手要互相鞠躬，也说"大写字母"。裁判说出3个标点符号，两人要依次迅速做出动作，并发出相应的声音。最先完成者获胜。虽然这个游戏并没有教他们标点的正确位置，但还是很有难度，而且也很有趣。这个活动可以预热一下大脑和身体，再开始进行比较安静的活动。

你可以试试这方法来提高他们的学习。影印一篇课文，所有的标点处都留白。与孩子一起读这篇文章，在空白处，让孩子做出他认为正确的标点功夫的动作。或者你可以让孩子听写一篇散文，遇到标点，你做出动作，不要说出来。亲子练习

会日语吗？

很多老师都会说他们如何用身体学习法来记忆日语数字1~10的经历。他们说，专门请来给他们上课的培训师拿了高昂的培训费却偷懒：只让他们排队站好，抓挠膝盖。这是老师们刚接受身体学习法的情景。通过学习动作来掌握日语的1~10的数字，老师们开始意识到用身体姿势来学习的效果。一开始要挠膝盖是因为日语中的1、2分别是"ichi"（itchy，痒痒）和"ni"（knee，膝盖）。用运动学习法来学这两个词，试试一边说"ichi"和"ni"，一边挠膝盖。很容易吧。

下面每个日语数字都有对应的动作，用英语谐音单词来表示。

数字	日语数字	谐音的词	例 子	动 作
1	いち	痒	长疥疮什么感觉	挠痒痒
2	に	膝盖	哪里有韧带	摸摸膝盖
3	さん	太阳	什么东西明晃晃的在天上,不要抬头望	手指着天
4	し	她	女性	手指向一位女士(如果身边有的话),没有指着照片也可以
5	ごご	去	去夜总会看穿着比基尼的女人跳舞	向前走3步,向后走3步
6	ろく	摇滚	一种音乐风格,最初在20世纪50年代,即猫王时代盛行的曲风	来一两个舞步(如果不觉得难为情的话)或者学学猫王撅着嘴,舞动胯部
7	しち	喷嚏	打两个喷嚏	捂着嘴,打两个喷嚏
8	はち	帽子	帽子	带上帽子演哑剧
9	きゅうく	咕咕声	鸽子怎么叫	做翅膀抖动的动作,发出鸽子的"咕咕"声
10	じゅう	Lu	好朋友 Julie 或者 Julian 的简称,指代某人	用食指指着他人,两次(很傻,我知道,但房间里不一定有人名叫 Julian 或者 Julie)

上述的动作值得试试,做几次,看是否有用。你会发现,做了几次这些动作,就会牢牢地记住了日语中的前10个数字。(有一次在卡特福德的一个蔬菜水果店里,因为会用日语说"8"我还受到了特别优待呢。说不准哪天这数字真能派上用场。)

运动法

说话的时候带点手势是很自然的事情。身体活动，特别是那些用来加强语言习得的往往是手势。在我牙牙学语的时候，大人教一个字，就会做一个动作。我小时候住在佩恩市中心，在我家里，伸出两只手，手掌一翻就表示爱吃的东西没了，吃完了。"吃完了"，"吃完了"，"吃完了"，每天早饭后、午饭后、下午茶后都会有这个动作。显然，这一动作展现了家中和谐融洽的天伦之乐。要是发现有人吃光了我们的冰激凌，我们不会歇斯底里地尖叫、哭喊，说难听的话责备兄弟姐妹偷吃。比德尔家的孩子会愉快地举起手，快乐地、响亮地一起说："吃完了，吃完了，吃完了。"仅此而已。

40年后，同样的情景出现在离卡特福德近郊2.5英里的一栋房子里。鼻子、眼睛都是老比德尔家的，不过唱着"吃完了，吃完了，吃完了"的，却是1岁的罗。他兴高采烈地伸出手，有节奏地转动着手腕。这有助于罗在吃完了自己的晚餐这一残酷的事实面前，保持淡定的思考的样子。不仅只有这一个词加上了动作，他在说"烫"这个词的时候，会用手捂住嘴；说"再见"时就像大多数孩子一样挥挥手。这些加上了动作的词正是他最先学会说出来的词。

如果手势可以随着语言深藏于婴儿的记忆中，那么就不应该在孩子们出了襁褓后就弃之不用。在课堂上我常常使用一种我们叫做"运动"的方法，即用一两句话来总结所学到的知识点，同时要加上自己设计的一连串的手脚动作。比如说，"单引号的用法有两个：一表示所有格；二表示省略。"很多孩子会对这个知识点不感兴趣，但孩子们却必须要掌握。不能因为单引号长得像丑陋的、干瘪的小蝌蚪，或者枯燥乏味，就让他们对单引号失去兴趣。为了让我的学生们明白这一知识点的重要性，我们设计了一个动作让它变得活泼有趣。

单引号有两个用法——竖起两个手指头，伸出手臂，动动手指头（标点功夫里的动作），发出"Blubalubaluba！"的声音。
第一个用法——竖起中间的手指。
表示所有格——两手收于胸前抱住自己。
第二个用法——两个手指头指着讨厌我们的人，孩子们！
表示省略——模拟切除包皮的动作。

这么做非常不雅观（做这个动作之前，我总是要侦查一下看校长有没有带什么达官贵人来参观），但是孩子们喜欢。只要没有针对某一个人做这样粗俗的动作，能让他们记得牢，又有趣，告诉他们一点性知识又有何妨呢？我的很多同行不同意这一点。真是见鬼。

运动法技巧适用于任何学科、任何知识点，特别有助于课后总结，或者熟记备考的知识和公式。看看你是否可以与孩子们一起设计出下列的动作：

1. 地球的地壳构造板块运动。一个板块运动到了另一个板块下面，就会出现火山。
2. 有两种介词：一个表示地点，另一个表示时间。介词是绝对不能置于句尾的。
3. 加速度就是时间上速率的变化。
4. 在等腰直角三角形中，直角的角度等于两个夹角的总和。

是不是很容易做到？怎么做都行，不存在对和错。记住，要边说话边做手势。不是只有大脑才会记住知识，身体也会的。动手操习

英国动物学家德斯蒙德·莫里斯在他的著作《裸猿》一书中列举了政客在大会发言时使用的 9 个不同的手势。想象一下英国前首相托尼·布莱尔正在使用这些手势，请看：

1. 表明一个强有力的观点：他握紧拳头。
2. 摈弃他人的观点：他的手向空中一劈，手心向下。
3. 表示强烈：他双拳半握，露出大拇指。
4. 表示精确地说：他的大拇指与食指闭合。
5. 让听众安静下来：他伸出两只手，手心向下，做 3 个下压的动作。
6. 犹豫或求助时：他两手掌心向上。
7. 拒绝承认对某事负责：表明无辜或者撒谎的时候，他耸肩摇手。
8. 需要听众支持：他伸出双臂，做出拥抱大家的动作，轻柔地拍打双肩。
9. 表现绝对的优势：他摇摇食指。

你可以使用德斯蒙德·莫里斯的手势（当然，还可以结合你自己的手势）读一段莎剧，问问孩子这个人物会用哪种手势来加强语气。也可以一个人朗读，另一个人做动作。这会使得理解更透彻，因为大脑调动了身体的感官来加强对文字的理解。

中等教育的英语课程中还有一个特别重要的科目就是写作——写广告、议论文、说明文。

有如下几个情景：你最好的朋友在家中过得不愉快，打算搬到伦敦去。写一封信给你的这位朋友，劝他/她留下来。

你住的小镇要吸引游客。写一篇文章到杂志社，宣传一下你的小镇，吸引大家到小镇来。

在学校通讯上写一篇致父母的信，说服他们多关注环保问题。

让孩子任选一题，写一篇 500 字左右的文章。写完后，让他们读一遍，适当地结合运用莫里斯的手势。如果文章有说服力，那么手势与文字一定也会配合得很贴切。

使用桌椅

对孩子们来说,英语语法更复杂,更有难度(如果父母忘了语法规则的话,可参见第 7 章,简单回顾一下)。英国的学校采取的做法是"死做练习"。老师会扔给学生练习卷子,上面列出的是完全不相关联的各个语法知识点。这个方法虽好,但是可能只有拿高分的同学才可以勉强做到,而大多数的孩子会觉得太难。让活泼的孩子在 10 秒钟内就睡着的教学方法是不会有什么效果的。而"死做练习"的问题在于,它只有利于语言智能或者是听觉学习方法的发展;这种重复性的练习缺乏想象力,不能吸引学生。

我再强调一下,形式多样的运动学习法可以丰富学生的学习经验,给予他们更多的方法来刺激记忆。

首先,我要大言不惭地对老师们说一句颠覆教育理念的话:"教室里有椅子就够了,不要桌子。"希望得到其他老师的认同。

老师们现在越来越依赖桌子和讲台,没有它们就上不了课了。回忆一下你读书的时候,也许你会想起桌子是两张两张或者一张一张竖着排的。现在很多学校也还是如此,主要的意图就是防止学生相互交谈。(我从不赞成这么做。老师不是教室里唯一的知识来源,比老师聪明的学生也许不止十个。)"分而治之"是大多数老师的宗旨。

老师们在身体上会对教室里的某些设施非常依赖。刚开始是正常的，也容易控制，但是多年后，问题就出现了。一张桌子或者一个学生不在固定的位置上，会刺痛老师的神经，最后她就会变得神经质，不能自拔。新奇的想法会让她烦躁不安；看到一个孩子站着上课就会让她气不打一处来，非要把他赶出教室不可。桌子和学生要绝对保持在固定的位置上，这一点对一些老师来说是非常重要的。

但是孩子们在课上应该要来回走动。如果身体不动，思想也会跟着停下来。桌子限制了他们的行动，特别是那种摆放整齐的位置。桌子只不过是便于书写，仅此而已。英国的教育体制中如此看重桌子的地位是很可笑的，同时也令人担忧。

站在椅子上
椅子是个挺有用的工具，不光是能坐。在角落里，摆起几张椅子，可以摆成一战时的堡垒、即将要喷发的火山、一件后现代的艺术品、代表人类脆弱的灵魂。轻便的椅子不仅不会妨碍运动，而且还能在其中扮演重要角色。比如说，站在椅子上就很好玩。人人都喜欢这么做，而且它还可以运用到多种的学习模式中。比方说，要反复提醒小学生在书面语中指自己时要用大写的"I"，我就会让他们站到自己的椅子上，手伸向天花板，尽量伸直，同时跟我说这个句子："我很重要，所以'我'总是要大写。"这是一个好方法，不仅让孩子们记住了一个规则，也给了他们一个机会，大声喊出自己有多重要。

我还发现椅子在教孩子们介词时特别有用。

语法中最模棱两可的，介词恐怕要算一个。简单地说，介词主要说明你在时间上和空间上所处的位置。表示空间的介词——"below"（在……之下）、"above"（在……之上）、"inside"（在……之内）等等更常见，而表示时间的介词——"before"（之前）、"later"（后来）、"after"（之后）则更有趣。

要确保孩子不会忘记介词，大声读出介词，让他们用椅子来表示自己该处的位置。比如说，他可以站在椅子上；坐在椅子旁边；走近椅子；走过椅子；躺在椅子上；到椅子下面去；绕着椅子走；钻到椅子里面；走到椅子的右侧去（越位）。你看，可以增加难度。动动脑子，发挥想象力找对位置的就得分。（可能你也注意到了，找对了最后一个位置的多半是男同学。大致说来，如果你的椅子在最后一张"守门"的椅子的前面，或者与之平行，那么就是说你的椅子越位了。你看这很有意思吧。"越位"一词源于足球运动，意思是要射门了……别带球在门前转了……大概就这个意思吧。）

参选"年度最佳教师奖"时，3个评审来班上听课，我就用了这个方法。班上的男同学非常投入，都玩疯了。他们时而躺在椅子上，时而钻到椅子下面，或者站在椅子上面。其中一位评审走到我旁边说，"很高兴看见孩子们这么投入。他们中是不是有人登记了需要'特殊教育'？""是的"，我说，"全班30个

都是。"**亲子练习**

我第一次在班上结合类似的教学方法,上的是莎士比亚的悲剧课。那个时代的悲剧有一些共同点:悲剧的主人公,出生高贵,致命的弱点使他丧失了地位;最终在实现自我之后,惨烈地死去。这些都是一种风格的套路,也被称作为文类传统。一开始我们坐在椅子上,然后说下面的话,同时做出相应的动作:

"悲剧"——侧头,掌心向内,拇指向下,双手在耳边画小圈(模仿 Steps 乐队视频中的动作,翻唱比·吉斯兄弟歌曲,也许不符合学校的氛围)——"刻画了一个悲剧主人公"——站起来,手中握剑,挑战全世界——"有着高贵的出身"——坐下,比划着带上一顶皇冠——"却有着致命的弱点"——跪下来,膝盖着地——"让他从高贵"——站在椅子上——"变得低贱"搬开椅子,坐到地板上——"最后悲惨地死去"——夸张的,搞笑的,表演死的样子——"死前,幡然醒悟"——模仿 Tom 猫和 Jerry 鼠的动作,汤姆猫的脑袋上方出现了一个灯泡(表示有了一个主意),同时模仿动画片《辛普森一家》中荷马·辛普森的声音:"Doh!"

一开始的时候会觉得有点傻气,但是过一会儿就会非常自然了。

戏剧表演

戏剧表演是运动学习法的最高表现形式。奇怪的是,国家课程设置中居然没有这门课。它常常被学校忽视了，好像一个瘦弱的、营养不良的孩子，被人冷落在角落里，直到学校有演出了才会突然被人记起。我不想说全世界是个大舞台之类的话，但是也不提倡教育机构应当"批量生产"早熟儿童，张嘴就唱安妮合唱团的歌曲。天知道，我看了多少学校演出的音乐剧《龙蛇小霸王》真是把几辈子该看的都看完了。但是，把戏剧作为一种学习方法的思路却启发了我：我们应该让所有的孩子具备最基本的戏剧技巧，并将这些技巧用于课程的学习中。

戏剧表演尤其适合那些活泼好动的孩子们，因为他们不必几个小时都坐在桌前。所有的戏剧活动都需要让孩子站起来，离开座位，让身体参与到学习之中。戏剧表演还是吸引学生的最好的方法，不管是不是在学习上。科琳和雅金是我教过的第一个班级的学生，在后面的章节中我还会提到她们。她们俩在学习上天差地别。11岁的科琳比大多数的老师还聪明，而雅金却连最简单的字母都不会读。但是科琳和雅金一样适应能力较差。正是通过戏剧表演，她们俩都活跃了起来，完全让人忘了一个是尖子生，一个是后进生。科琳变得好玩，而雅金也有了成就感。她们其中一个进入了一个完全不同的领域，加入了英国国家青年剧团。

大多数的戏剧课程的设置，都围绕着我们所说的各种各样的"戏剧形式"。其实它们可以成为探索其他学科知识的渠道。遗憾的是，由于大多数戏剧活动都是以组群为单位进行表演，所以在家里很难进行，但是，下面的几种形式：独白以及角色扮演，不妨在周天上午无聊的时候试试。

独白

独白的玩法不言自明：孩子扮演一个角色，说出这个角色的心里话。他可以想像一个情景，大声地说出一个字或一个句子，来概括他或者是他扮演的角色正在做或者正在想的事情。这种技巧可以逐步延伸到更具体、更复杂、更直白的独白表演。

表演独白的时候，让孩子要注意以下几点：一、要与他的听众（也就是你）保持眼神交流；二、要充分利用房间里的空间；三、不要原地不动。因为运动学习法就是通过动作来记忆。刚开始会感到紧张，但是渐渐地会越来越自然。正如我前面说过的，这会成为一种有利的工具来探索课程中某一方面的知识。

这项活动的价值在于它可以充分地激发孩子对一些问题的情感表达，这是任何一个方法或活动都无法做到的。它也可以培养孩子的情感。独白表演活动也可以运用到各个方面：孩子可以扮演逃离可怕境遇的卢旺达难民，或者演绎自己国家的事情：20世纪80年代罢工的矿工，或者一个在科茨沃尔德丘陵地区的农民。给孩子一个舞台，来探究人类潜在的各种情感是一件非常有益的事，它可以让孩子更好地关注他人的情感和经历的困难。独白可以让孩子释放他们的愤怒、激情，可以让他们在许可的范围内发泄情感。

让我印象最深的一个孩子是艾德里安。他充分地发泄了自己的情感，让全班同学都心生惧意，完全改变了同学们对他的看法。艾德里安是全班最小最安静的男孩，从不引人注意。我让他把自己想象成一个遭受家庭暴力的孩子。他把这次独白表演当作是释放积蓄已久的愤怒的机会,而这之前没有人知道他心中充满如此多的愤怒。他从椅子上跳下,举起椅子,朝教室另一头(我指定的方向)的墙上用力地扔过去。他深吸一口气,鼓起胸膛,目光如炬,看着每一个孩子,极其响亮地大喝一声"是我"。这次表演之后,再也没有人敢小看艾德里安了。

给孩子一个假定的情景,问她:"你现在是什么心情?大声地说出来。"她也许会说:"悲伤。"一旦她能够用一个词来把握住她角色的情感,就让她用一句话来表达。比如,"我觉得很悲伤,因为他死了。"最后,给她一分钟,让她坐在椅子上,闭上眼睛。告诉她可以用这一分钟来准备一段话,详细地描述她的处境。说的时候一定要站起来,因此这一分钟里她还要想想她要做什么动作。时间快到的时候,最好给她来个倒计时。当你数到1的时候,她必须站起来走到房间的另一头开始说了。她会从椅子上跳下来,拳掌相击,在你面前完全释放她的情绪。

"我悲伤难过,因为他死了。我所有的朋友都提醒过我,他吸毒,生活不检点,游手好闲,满嘴谎话。但是我爱他,妈妈,我爱他。"

当然这种事未必会发生。第一次练习会有些紧张,但是渐渐地

就能够对任何角色都能产生深刻的情绪反应,并能够准确地演绎出来。亲子播习

热座游戏⑩
这是一个相当普通的角色扮演,可以在家里安静地进行。在学校里,往往是老师像守擂一样回答学生的各种问题。比方说,老师扮演的角色是亨利八世。学生们可能会问这样的问题:"你不觉得把你的妻子们斩首太过分了么?""6个妻子难道不会太多了吗?""难道不觉得该节俭一点吗?""如果你一意孤行的话,一定会完蛋的。"这是一种富有想象力的、紧扣知识点的教学方法,学生在不知不觉中听了课,学到了东西。

也可以让一个学生来扮演一个角色,亦或是阿道夫·希特勒、纳尔逊·曼德拉,亦或是查特莱夫人⑪。每个学生都有时间来准备问题提问。扮演角色的学生可以利用这段时间,准备进入角色。他坐在全班同学前面,所有同学都会对他轮番提问。

家长你呢,要扮演一个历史人物或者是虚构的人物。给孩子10分钟的时间来准备问题,然后你尽力回答所有的问题。之后让他扮演一个角色,你问他一些问题。

这个游戏不仅出爸爸妈妈们很搞笑、出洋相的滑稽样子逗得孩子很开心,还有两方面的好处。一、孩子要研究和提出问题,就必须集中学习有关资料,确定哪些信息是必要的。他还可以学到额外的知识(只要父母们做足了功课)。另一方面,当你提问题的时候,孩子可以更好地把握角色的动机,甚至是角色

所遭遇的压力。

体育运动

我在伦敦东部坎宁镇的时候，有两个班全是 13 岁的男孩。我每周五都会利用上课时间带他们出来踢球。听说同事们在背后议论，在这里我也不妨透露给大家。他们说我们在进行一种复杂的教学游戏，孩子们在踢球之前都要说出关键词，才能踢。我可不是"教学狂"。我们就是踢球而已。我可惨了，一个 40 岁的有哮喘的老烟枪和一群 13 岁的超级足球迷一起踢球，无异于自投罗网。事实也的确如此。

前面说过，我们在课上设计游戏，写组合形式，研究角色模型，（那时候，大卫·贝克汉姆被看作是全英独一无二的爱家好男人，年轻人的榜样。）我们还在游戏后写了大量的比赛报告。

孩子热爱体育运动，需要体育锻炼，这一点在课程设置中却没有充分的体现。很多的专业足球俱乐部尚且经营一些文化项目。我看到了西汉姆联足球俱乐部丰富社区生活的诸多例子，可是我们却不会在课堂上充分利用足球或者其他体育活动。与学校排名位次表无关的研究数据是不会引起别人注意的。这个位次表让学生不得不在周日上午也要学习。其实，在运动中能学到代数；斯诺克的角度，三角几何；赛场上的小罗纳尔多和纯美的诗歌。足球并不像某些人所说的是暴徒的娱乐。它是一种艺术形式，与所有的艺术形式一样的正当。对足球的热爱是不该受到限制的。

在体育活动中，孩子们学会了如何合作，学会了个人只有在团队中才能有所作为。他们也学到了什么是虽败犹荣，学会了如何调整比赛策略才不会输。而且，对英国乃至全世界来说，体育代表一种全人类共同的语言；可悲的是它和另一个通用的语言——音乐一样，都没有得到充分的利用。

我在教从句（嵌入句）的时候，用过这个学习方法。一个句子本来可以流畅地从"A"到"B"，例如：

Jim wore a pair of brown trousers.
 A   B
（吉姆穿了一条棕色的裤子。）

如果结束前加入一个新的信息，插入句子当中：

Jim, because he was excessively nervous, wore a pair of
 A   C   B
brown trousers.
（吉姆，因为太紧张了，所以穿了一条棕色的裤子。）

如此以来，这个句子便从"A"（吉姆）到"B"（穿了一条棕色的裤子），而"C"（因为他太紧张了）突然像野草一样冒出来，钻进了这个句子中，便成了一个从句（从句的前后总是用逗号与其他成分断开）。

要对小孩子们解释清楚这个可不容易。我也不会在教室里对我的学生们步步紧逼，要他们弄明白，于是我们就一起到操场上去踢球。

我们把孩子们以 4 人为单位进行分组，每组一个足球。我们让他们称自己为"A"、"B"、"C"、"D"。可怜的"D"只是个小配角，很像哈利法克斯城[12]的右后卫：看着一个个的球从他旁边飞过，他只能看着流口水。"A"、"B"和"C"踢球之前都要造一个句子。如"A"说了一句"The exceptionally skilled thirteen-year-old maestro, comma,"（那位技艺超常的 13 岁的足球天才，逗号,）然后把球传给"C"。"C"接球后说一个从句"spotting the stupid defender in his path, comma"（看见那个愚蠢的后卫来堵截，逗号），然后将球传给"B"。"B"接着说"bypassed him with a Gazza shimmy, full stop"（就用加扎[13]的带球过人绕过了他，句号）。他们就这样一边踢球一边造句，最后把"The exceptionally skilled thirteen-year-old maestro, spotting the stupid defender in his path, bypassed him with a Gazza shimmy."这个句子带回教室写了下来。

从句也需要以"带球过人"的姿态加入到句子中，就像神气的加扎一样，给对方的后卫来个漂亮的带球过人，让他扑空。所以我们知道了从句就像是"加扎的带球过人"。这些孩子们在SAT[14]考试中都取得了不错的成绩。他们知道了在答题的时候，"别忘了在考卷上来几个'加扎的带球过人'，给阅卷的老师留下深刻的印象。"

运动学习法有些风险，因为一旦乱了就会完全失控，所以很多老师害怕使用这种方法。如果你在 30 年的教学生涯中一贯要求孩子安静整齐地坐在座位上，现在去尝试明知不适合自己风格的教学方法，是需要极大的想象力和极大的勇气的。而年轻的教师们一般说来对这种努力在思想上是非常认同的。我想，这对教育我们未来接班人来说是件好事。

无论你对研究运动学习法的好处有何反应，这一方法在教学中的作用是很明显的。我们不愿意整天坐在椅子上听别人说话，可是我们却要让我们的孩子们每天都忍受这些。这对他们没有好处。思维能力不是我们的全部，我们也不是作为精神形态独立存在着。我们有身体，身体需要动起来。我们的教育体制似乎忽视了孩子们脖子以下的身体部分，忽视了我们身体 9/10 的部分。孩子的身体与他的大脑一样重要，他们有权利在努力学习的同时让身体动起来。

3. 社交型
—— 社交技巧

如果孩子喜欢群居，人越多就越开心；如果她能用多角度看问题，对他人的情绪捕捉很敏锐，那么她很有可能拥有了高度的人际交往智能。她会很善于敲开别人的心扉，喜欢团队合作。有社交智能的孩子拥有高超的社交技巧，往往能够以此来消除别人的误解。

丹尼尔·戈尔曼，美国心理学家，著有《情商》一书；与加德纳的《多元智能》一样，他的书彻底改变了世界对智力的看法。他列出了成功人生的五大要素：自我认识，自我调节，动机，换位思考和社交技巧。其中换位思考和社交技巧显然也属于人际关系智能的范畴。如果孩子天生就具有这些素质，那么她很幸运；不过，有些方法可以帮助先天不具备这些能力的人提高换位思考和社交能力。

移　情

如果你有个朋友或者亲戚得了重病，你觉得自己好像也出现了某些症状，因此怀疑自己也得了同样的疾病，也许你并非得了神经性疾病，你只是感同身受而已。移情或换位思考指的是能够设身处地地为别人考虑，说出来的想法，能够让对方感受到你理解了他。

与移情相生的就是同情。移情是促进人际交往的润滑剂，想让孩子在社交场合中游刃有余，首先要培养他的换位思考能力。如果不能设身处地地为他人考虑，不去考虑别人的感受，那么我们就会变得野蛮残忍。正是因为缺乏移情能力，孩子们才会恃强凌弱。反之，一个能换位思考的孩子，能够敏锐地感受到他人的情绪，甚至能够想到别人心里去，与他们惺惺相惜；这个孩子在很小的时候，就能体会到帮助他人和给予的快乐。戴维·A·莱文，写了《让孩子学会移情》。他说："学会如何帮助他人的确能提高个人能力。"其实我们大多数人生来就愿意去帮助需要帮助的人，可是几乎从来不把如何帮助别人当作社交和交往技巧来传授。

你遇到的人总有可爱之处，需要你去发现。这句话应该要牢牢地刻在孩子们的心里，这可以使他们在人生的道路上少走弯路，多点成功的机会。还应该让他们知道经历影响行为；一切的行为都有因可循。我见过几个内城区学校的孩子，他们所受的心灵创伤甚至超过上过战场的退伍老兵。我有几个学生，有的无家可归，有的亲眼目睹了家人被杀，这些经历必然会影响到他们的行为举止。培养移情，或者换位思考能力，意义在于理解害怕、焦虑以及生活中的困难会影响他人的情绪；因而需要如何学会与他人相处。

在孩子们身上我见到了一些非常好的例子。我所教的第一个班级是个组合班，我从来没见过一个班的孩子个体差异会如此之大：成绩最好的学生和有严重心理问题的学生坐在一起。成绩最棒的科林（前一个章节提到过的）与雅金同桌。雅金才11岁，却一副饱经沧桑、苦大仇深的样子。我看见科林耐心地、大声地读单词来帮助雅金，我觉得我们的未来在这样孩子的手中大有希望。所谓的全纳教育（inclusive schooling），就是让有问题的孩子与大多数普通的孩子一起接受教育。这种教育方式的优点之一在于，它对这两类孩子都有利。我们看到，有学习或情感障碍的孩子在正常孩子的关心下，学习进步了，人也开朗了起来；而另一方面，正常的孩子在辅导问题同学的同时，自己的社交和帮助的技巧也得到了发展。比如，让一个患有唐氏综合症的女孩和其他孩子在一个班上读书是个开明之举。每次见到小家伙们积极地关心、照顾他人，我都非常感动，因为我看见了他们身上最美好的一面。

能够在学生面前表现出我们的理解，也是当老师的一种快乐。我曾经有个学生叫莎拉，她在她的英语作业本上写了一些离奇的故事，说这些将来可能发生在她身上。我在打分的时候有时会加上一些评语，像是"你处理得很好"，"你一定很难过吧"等。

一天，她悄悄地在我的桌上放了一张卡片，上面写着"……不用理会那些预言，它们是我的秘密。"我把这张卡片钉在了墙上。

通过诗歌或者其他的感官刺激来培养移情

可以通过读故事、诗歌,以及像《安妮日记》那样亲身经历的悲剧故事,来培养孩子的移情。你也可以让孩子来讨论电视新闻或者电视播出的真实故事,让他们明白人们在遇到困难时候的心情。

任选一首诗,让孩子仔细地读,划出让她特别震撼的短语;然后让她打开电脑上网,Google 那些词汇,输入那些词或者短语,看看都会有哪些相关的描述,让她选出最好的。可以让她用 PPT,以幻灯片的形式把这些描述展现出来,间隔大约 10 秒。(如果家里没有电脑,可以从旧杂志和旧报纸上的彩色增刊上剪下相应的描写,贴到纸张或者卡片上。)

做好了幻灯片(或者拼贴画)后,与她一起欣赏。每一个画面都让她用一个词描述她的反应。比如,"害怕"、"恐惧"、"悲伤"。这可以帮助她从精神层面上更加理解诗歌,给她全新的视角,来阅读课程中关于人类悲剧的诗歌,从而培养她的移情能力。 亲子操习

通过角色扮演来培养移情

与刚获得教师资格的老师一起工作的时候,我们说起了行为问

题。我让他们闭上眼睛,静想一分钟,想象一下他们班上学生可能出现的最糟糕的心理问题。我让他们用一个字概括孩子的心情,说给大家听。接下来,让他们用这个词造一句子,描述孩子的感受。最后再用独白的形式,表演出他们的情绪。(详见第 2 章的"说出你的想法/独白")比如:"听到下面的事,你会作何反应?我该在哪儿做作业?我们连桌子都没有。老爸发火的时候把它砸烂了。他每次喝醉酒从酒吧回来,拿我妈撒气,你知道我的心情如何吗?他不喜欢吃妈妈做的饭。他讨厌他的工作。他厌恶我们。我吓坏了。"让老师们做这样的角色扮演的目的是让他们明白,也许他们教的学生中,有些人有着与他们完全不同的情感世界;让他们接触一些他们将来可能要遇到的种种情况。

你可以和孩子做同样的游戏。让她们想象某一个同学的处境,用一个词来概括,然后用句子表达,最后用独白的形式表演或者写下来。这种练习也可以用戏剧小说里的主人公来做原型。

在角色扮演的同时,我们不能忽视榜样的重要性。在学校里,在孩子们的生活中,他们将会遇到各种各样有着不同经历的人。要全面地培养移情,第一步就是要认识到不同的经历会让人做出无法预料的举动,最好要对此表示理解。家长应该树立一个榜样来教育孩子移情，比如，你对不同人不同经历的理解，或者给孩子灌输人人都有优点的思想。苔丝·布里顿是一个培养孩子情商机构的负责人。她说："每一天与孩子打交道的时候，我们都应该树立移情的榜样：不仅在他们难过的时候，而且在他们有挫折感，或者得不到东西而感到沮丧的时候。抛开自己的个人情绪，言谈举止间表现出对他人情感的理解和尊重，这就是移情，就是换位思考。"

面部表情游戏

鳄鱼有几种表情？四种：睁眼、闭眼、张嘴、闭嘴。它们是难以琢磨的动物，你永远都不知道它们在想什么，认为它们只会捕杀、吞食、睡觉、再捕杀。

人类的脸，只要不是皱纹过多，或者注射了过多的肉毒素[15]，面部表情要比鳄鱼的丰富得多了。一般来说，只要看着人的脸就可以知道他在想什么，但是对男性，就算能做到也是相当勉强的。原因是，男人多多少少都有点以自我为中心，我们无法从他人的面部表情来猜度他们的心情。这就是为什么男人常常得罪女同胞，因为我们猜不透，也预见不到她们内心的变化。男人不愿意呆在家里，编一个让人一下子就能拆穿的借口，与别的男人们鬼混去了。我们不在意别人的精神需求，结果当别人伤心难过的时候，我们就成了笨拙、迟钝的闷葫芦。

面部表情游戏可以印证这一点，同时能够调动你移情的神经。有男朋友或者有丈夫的女人可以和对方做个游戏，写下五种心情,例如:快乐、萎顿、暴躁、害羞以及经前忧郁。你的男伴也写下自己的五种精神状态(看看除了醉酒和生气还能不能再写出三个)。女士先来,做出适当的表情表示"快乐"、"萎顿"等等,看看你的他能不能猜出来。然后让他来做表情,你来猜。

肯定是你赢了。男人们肯定是一败涂地。你可以轻而易举地证明女性在移情、换位思考方面胜过男性。

社交技巧和神经语言程式学

神经语言程式学[16](简称NLP)是由美国的一个叫理查德·班德勒的人设计的一种行为科学系统,有助于心理医生与病人沟通。这一理论受到了催眠师保罗·麦肯纳的追捧和推广而在美国风行起来。麦肯纳在今年年初的时候好像给了我他的手机号码,可是第二天早上就从我的口袋里不翼而飞了。我可能是被他催眠了吧。

NLP有很多的追随者,他们对此深信不疑,我却不然。我不理解他们所谓的模式或者子模式(我太太说这是无聊人的游戏),但是其中包含一些关于理解身体语言的技巧,可以让孩子在社交场合更加自如。

我们的身体会不自觉地做出一些动作。如果她一直说你毫无魅力,但是说的时候却在摸摸头发,捏捏耳垂,那么你可以断定她已经被你吸引了。如果她两腿交叉,侧身而坐,那么你应该可以肯定她已对你失去兴趣。如果一个孩子推开你说他没事,但是同时却在摇头,有时这个动作非常不明显,那么就说明他根本就不是没事,而是需要依靠你的肩膀以获得安慰。

NLP 的治疗师说,我们可以通过模仿别人的身体语言来沟通情感。注意应该间隔大约 20 秒左右,否则会被对方察觉,而绷直了身体冲你尖叫让你别学她。可以模仿的不光是身体姿态或者动作,也可以是说话的语调,或者口音和语言。

有个方法叫做"同步与带领法"。其实这种技巧我们一直都在不自觉地使用,从来没想过它还有什么名头。"同步与带领法"就是把自己置身于另一个人的情感和行为世界中并进行模仿。比如,想到一个可怜的男孩在操场上被高年级的同学欺负的时候,他耷拉着肩膀。我想,要模仿他的身体语言,学他的样子,就应该马上垂下肩膀,调整音调,问,"怎么了,伙计?"这就是"同步"环节。学他的姿势和他的语调,体会他的内心世界,然后才可以判断,什么时候可以带领他走出那样的心情。姿势协调了,就可以开始做些调整,这表示可以带领他朝着更积极的方向前进了。这就是"带领"环节。这时候你会发现他高兴起来了。

我的朋友让·帕斯卡不久前告诉我一件事似乎很能说明这点。有天晚上散步回来,他看见了一场恶斗。一个男人被两个人踢倒在地上,非常痛苦的样子。让·帕斯卡从来没有遭遇过暴力行为,但是深知如果贸然干预,他很可能也会被打倒在地,被人踹。他没有这么做,而是慢悠悠地走近他们,问其中一个打人者,倒在地上的人干了什么。弄清缘由后,他平静地回答:

"真可恶。我明白你为什么生气了。"马上,这两人收脚了,不踢了。两个打人者住手了,因为有人理解了他们为什么要做这么可怕的事情。让·帕斯卡继续与他们交谈,站在他们的立场上,更加温和地与他们交谈。倒在地上的男子趁机站了起来,跑走了。让·帕斯卡不知不觉地用了同步与带领的方法救了一个人。

我绝对不希望孩子周末晚上跑到街上去练习移情的技巧,但是你可以用这个例子,从两方面来教育孩子。一方面,当你与孩子有争执时,当他们难过时,或者当他们觉得与你无法沟通,而闷在心里不告诉你的时候,请你自己尝试这个方法;另一方面,你可以教他们用这个方法。他们不用在操场上等着,看有没有人打架,好让他们同情受害者;而是让他们知道这是一个方法,可以在朋友们难过或者有烦恼时使用的方法。而且如果他们能够自如地运用移情的技巧,不仅能够加深与朋友们的友谊,还能很快地交到新朋友。

说话
在多数情况下,语言支配了我们的社交活动。提高社交能力的主要方法就是通过提高口语能力——老师们最爱用的一个词,表示口齿伶俐。

可以把口语能力当作是读(reading)、写(writing)、算(arithmetic)3R 基础能力后又一个基本能力。如果不练好说的能力,那么孩子的写作也不会好。把想法转换成文字就是写作。思想以语言的形式存在,是内心的对话,是脑子里的声音。如果说得不流利、不清晰或者没有内容，那么当然，想和写也就无法流畅、清晰或者有内容。在家里可以做些练习，培养孩子说话更流利、更风趣，这样才能写出更好的文章。

有的孩子刚到学前班的时候还不会造句，原因之一就是电视。电视普及之后，成为家里必不可少的一员。孩子吃饭也离不开电视，他们把餐盘放在腿上，坐在这愚蠢的盒子前面，边吃边看，语言习得主要在学前阶段，跟父母学的。在餐桌上可以学到那些宝贵的讨论、理论甚至幽默的技巧。一言不发地坐着看卡通片就什么也学不到。为了孩子的教育，最重要的事情之一，就是要保证全家人在一起吃晚饭，而且要一起坐在饭桌旁吃。

父母与孩子说话时用的词汇量，直接影响到孩子词汇量的大小。这一点加里·威尔森在《男孩向前冲》一书中提到过。研究表明，从事专业性工作的父母比靠救济金生活的父母每小时会多说1500个单词。结果是，一个3岁的中产阶级的孩子的词汇量，接近于一个领救济金的成年人的词汇量。不仅仅是词汇量大小的问题，还有音调的问题。中产阶级的父母批评孩子一句，就要说9句鼓励的话。而被救济家庭的孩子被责骂的次数是受夸奖次数的两倍。显然这不仅会影响到他们语言的认知，还影响到他们的自尊心。

餐桌旁是家人可以发表看法、讨论大事的地方；但同时也可以是做智力游戏的地方。塞巴斯蒂安（巴斯）、雷恩、罗和我一起玩文字游戏，我太太在一旁看着，露出"天哪，他们都有点自闭啊"的表情。其中有个游戏是"不，你不是!"要求孩子分析语言作出判断。爸爸说一些话，有些是真的，有些不是。

爸爸：我是乔安娜·拉姆利。
儿子：不，你不是!
爸爸：我是母鸭洁玛。
儿子：不，你不是!
爸爸：我是休·爱德华兹，威尔士新闻主播。
儿子：不，你不是!
爸爸：我是奶奶的小儿子。
儿子：是的，你是!
爸爸：我是个好老师。
儿子：不，你不是!
爸爸：我是实验教育派开创性的实践者。
儿子：不，你不是! 你自以为是。

3. 社交型

我希望你明白了游戏的目的。只有罗没参加认知部分的学习，但是他喜欢和他们一起喊。

另一个游戏是"找不同"。学校常常把它作为认知热身活动或者课前活动。要求孩子们快速找出事物之间的关联，找出不同的一个，并用语言表达出来：

爸爸：鸭子、斑马和拖拉机哪一个是不同类的？
巴斯：鸭子，因为其他的都有4只脚。
爸爸：聪明。如果说是拖拉机呢？
巴斯：因为其他两个是动物。
爸爸：真聪明。如果说是斑马呢？
巴斯：因为农场上不会有斑马。
爸爸：真是太聪明了。如果说没有不同呢？
巴斯：什么？

漫长的冬夜就这样过去了。

不妨问问孩子：火山、地震和龙卷风中哪一个不同类？或者5、8、10哪个不同类？布什、布莱尔和布朗谁不同类？只要一个题目有3种答案的，都可以锻炼孩子的思维能力。

对于大一点的孩子，可以用与他们在学校里学习的有关的知识来做游戏。麦克白、麦克白夫人和莎士比亚谁是不同类的？我问我班上的学生这个问题；婉转地说，他们是"处在不及格边缘"的学生。莎士比亚的语言对他们有困难，但是他们的回答让我明白，问题在我这儿。他们的头脑完全没问题。我以为他们会说是麦克白夫人，因为她是3个中唯一的女性；或者说莎士比亚，因为他不是虚构的人物。但是他们没有。"显然，"卢克回答，"是麦克白。另外两个人都太野心勃勃了。"

这个练习的好处在于，可以出现不一样的回答，可以不断地挖掘，可以让孩子们思考。如果在饭桌前做这个游戏，保证让你不会像头牛一样，一边一言不发地咀嚼食物，一边想着电视机里的卡通片。

说话是各种学习转换活动中最重要的模式。在学校里已经学了很多了，孩子们可以分小组谈，可以讨论最后达成一致意见。这应该是平常家庭生活中每天都做的事情。在家里用各种方法来激发孩子参与讨论，可以提高孩子的社交能力。

标准语，方言音，方言，街头俚语
接受教师培训的时候，我学的第一个内容就是语言。由于我们要在多文化的环境下工作，很多孩子的第一语言不是英语。第一语言是神圣的。我们十分尊重孩子们的第一语言，允许他们，实际上也鼓励他们在课堂上使用第一语言；展示自己的第一语言；保留孩子们说第一语言的权利。如果否定了别人的语言，就等于否定了她的身份。指导老师让我们明白的是：尊重孩子的第一语言，我们就会去尊重她的方方面面，尊重她的家庭、她的祖国以及她承袭传统的权利。

对孩子们所说的方言和当地的俚语也应该如此。这是他们生来就有的权利，是他们内在的东西。父母不应该告诉孩子那么说不对，应该这么说。自然的就是恰当的，就是正确的说法。这是真实的他们，这样就足够了。

当然，父母要是看见孩子回到家里，裤子穿得松松垮垮，半个屁股都要露出来了，吊儿郎当地走路，讲话像匪帮说唱歌手，一定非常的苦恼。不过，只要他不会在饭不合胃口时破口骂娘，他那么说话也没什么不好。就像孩子们听的音乐那样，你不用去喜欢他们的说话方式。采用不同的说话方式，不过是他们成长的过程中的一部分。

每一代的人都有欺骗长辈的时候。一直以来，不同的人群，特别是青少年采用不同的语言形式。这样，老师、父母、警察这些权威人士就听不懂他们在说什么。牙买加土语的出现就是要防止庄园主听懂奴隶们的谈话；吉普赛人说一种俚语，他们称之为"tumble"，也就是颠倒字母顺序，把最后一个字母放到最前面。经常说的一句话就是"yhw tnod ouy ssip ffo ouy yeson dratsab"（why don't you piss off you nosey bastard，意为"滚开，你这个爱打听的混蛋"）。屠户当着客人的面评头论足的时候也会说同样的俚语。我13岁的时候，每周六都当一回小屠户，因此 tumble 说得也很溜；我会说"kcollip"（pillock），意思是傻瓜，比如说"客人们都是傻瓜"。在学校里，孩子们还会说我以前常说的拉丁猪（pig Latin）的文字游戏，其实就是加上了 ev 和 g 的音（"Thisagev teachagevervagevs avagev fovagoolv."，你们试着读读看）。不管怎样，父母代表着权威，孩子一定会想办法对你们保守他们的秘密。

口试或者工作面试的时候，街头俚语就对他们很不利了。若去面试一个公务员的工作，别人问"你为什么想要这份工作？"如果你用俚语回答："为啥要这个工作乜？为了白天休息，晚上去泡妞呗"，你就别想得到这份工作了。关于这种语言形式，你必须要告诉孩子，它就像是件衣服，看场合穿的。参加晚宴，一定不会穿着潜水员的湿哒哒的潜水服去，除非是有意而为之。同样，你也不会骂骂咧咧地出现在温莎城堡，除非你想提前滚蛋回家。（我做过这种事，就不在这儿提了。）

说了这么多，我想强调的是，如果孩子违背了你的意愿，不能做到在家里说话和在学校里一样的话，没有关系。"学校"用语，是一种生存之道，他们需要融入环境中去。这一点，作为父母是爱莫能助的。如果这些小东西不能使用恰当的语言，那么将来他们会被嘲笑甚至会挨揍。但是应该要告诉他们，不仅要会小混混的语言，在必要的时候，还必须会像权威的 BBC 新闻主播那样说英语（不过没有必要模仿其口音）。孩子们要知道英语还可以那么说。比如去参加面试时候，如果不知道的话，就会影响别人对他们的看法，甚至影响他们的前途。

这种语言就是标准英语。一般说来，银行经理会用标准的英语告诉你，信用卡透支了，被暂停了。

如何教标准英语
实际上，学标准语最好的地方就是家里了。我们在学校里尽量教标准英文，但是由于学校里没有家里的那种日常的角色模型可以模仿，孩子们很难掌握。孩子首先从你那里学会判断何种语言、行为和道德观是正确的，对此我是深有体会的。有一次，我的儿子雷恩在穿 T-shirt，头套不进去，我听到他说"××的 T-shirt"。所以特别在孩子小的时候，和他们说话你最好费点心，让他们认识到在某些场合下，如果把 bottle（瓶子）读成 bo-uhl，把 water（水）读成 wahuh，别人会觉得他们不够聪明。

每一个孩子都是宝贝，都很聪明。但是在特定的情境下，如果不能说大家认可的语言，会对他们很不利的。所以，我们要对自己的口音感到骄傲，这样，我们的孩子才对他们的口音感到骄傲；不过要让他们学会在必要的时候做出调整。在英国，迂腐陈旧、袖手旁观的势利小人到处都有，你会因此而愤愤不已。可笑的是，很多人会以对方的口音来判断他们的智力和能力。但是事实往往是不管走到哪里，谁说了算就要以谁的标准来说话，他们绝对不可能去学你的说话方式。

让孩子说 Betty Botter 的绕口令，尽可能说快些；先读省略 t's 的，再用标准的英语把 t's 的音都读出来。

Betty Botter bought some butter,

"But," she said, "the butter's bitter;
If I put it in my batter,
It will make my batter bitter;
But a bit of better butter,
That would make my batter better."

So she bought a bit of butter,
Better than her bitter butter,
And she put it in her batter,
And the batter was not bitter.
So 'twas better Betty Botter,
Bought a bit of better butter.

贝蒂波特买了黄油,
她说:"但这是苦黄油,
若往我的面糊糊里加呦,
面糊糊就会变苦了呦;
加上一点好黄油,
面糊糊呀更好了呦。"
所以她买了一点黄油,
好过原来的苦黄油,
加入做好的面糊糊呦,
面糊糊呀不苦了呦。

贝蒂波特呦,
最好买一些好黄油。

实际上把 t's 的音读出来更好读。偶尔，在读 butter（黄油）的时候，一不留神会读成 butt（屁股）。

怎样让孩子开口

好像我是个拷问犯人的纳粹分子（因为他们常说："我们总有办法让你开口"）似的。父母比较赞成这种做法，但是我和孩子们说话的时候，我一般会遵循几个原则。

一、别当他们不懂事。这一点对 10 多岁的孩子尤其重要。他们处在验证思想、寻找自我的阶段。作为大人，我们很有可能已经尝试过，并且放弃了少时的想法。这不要紧，但对孩子们来说，他们的想法和体验都是独特的，应该要受到尊重。父母有责任放手让孩子们去尝试，不要对他们说的话充耳不闻。

二、认真对待他们。良性的对话从倾听开始（详见本章最后 1 节）。最简单的教法，就是你要表现出在认真地听他们说。做到了这点，你会发现，他们说的东西其实很有趣，你也会从他们那里学到东西。

通过与孩子们交谈，你就会知道该如何与他们说话，如何听他们说话。这一定是他们所希望的。以成年人的口吻与孩子们交谈，不仅有利于他们表达能力的提高，还有利于加强家庭的情感联系。但是，想从孩子那里问出点什么就不太可能了。"今天在学校里干什么了？"这么问是问不出什么的。她可能简单回答说"不记得了"，"没什么"，"哎呀不就那些吗，你别那么爱打听了，别烦我了。"这样的对话双方不仅觉得痛苦，而且毫无意义。

有许多有效的方法，可以问到你想知道的事，比如可以先一起做一些事：打打牌，帮忙做饭都可以；这样孩子会觉得受到了关注。作为回报，你问什么，他们就会告诉什么，但是别问得太直接。

这里告诉大家几个游戏，可以打开孩子的话匣子。这些游戏目的在于提高口头表达能力，从而提高写作能力；不仅如此，它们还能让孩子畅所欲言，不再嗯啊呀或者耸耸肩膀敷衍了事，甚至会和你谈谈一些正经的话题，比如她在学校都做了什么。

编故事

编故事可以极好地激发孩子的创造性。

我常常在饭后和孩子们玩这个游戏，其中一个人假装是烹饪大师普鲁·利斯。为编故事而准备的袋子里有一条冻鲭鱼，一枚英帝国勋章（当然是假的），一个面具，一把剑和一张面值10英镑的钞票。（提示：如果在拥挤的火车上，你想独占双人座，你就在上衣口袋里装条冻鲭鱼。不仅是它的味道让人受不了，同时也说明你是一个人人避之唯恐不及的危险的疯子。）我把这些都用上了，作为我讲故事的小道具。我说伦敦某个学校有个老师把一条冻鲭鱼放在腿上（这时已经解冻了），一位著名的大厨看到了感到非常惊讶。这时候我对她说："继续，普鲁，你接下去说，亲爱的。"

如果孩子正在为写一篇富有创造力的家庭作文而头疼的时候，选5件物品，什么都行，越奇怪越好——把他们装进袋子。让她把它们拿出来并围绕着这些物品来编一个故事。让她讲故事，这么做的目的是锻炼口语的流利性和提高在人前说话的自信心。如果她的故事是这样开始的："我正在休假，袋子里装了条冻鲭鱼，一枚仿制的勋章，一个面具，一把剑和一张10英镑的钞票"，那么你就严肃地批评她态度不认真，也算作弊，让她重新开始。

或者稍微改变一下任务，给孩子描述一个假想的犯罪现场。"今天早上，你发现爸爸头破血流，坐在那里一动不动，早餐打翻在他的膝盖上"——或者其他类似的情境。

袋子里的东西就是找出这个可怕的凶手的线索。让他们用这些物件来编故事，并要说明凶案是如何发生的。下面是他们编的故事：

"妈妈最喜欢晚餐时光，全家人可以坐在饭桌旁聊天，或者唇枪舌剑地斗嘴。她说一起吃饭有利于家人增进感情，还有利于我们增加词汇量。不过，我不觉得这样我们的词汇量就能增加多少。爸爸脾气不好，总是对我们大声吼叫，他最喜欢把饭放在膝盖上，边吃边看百看不厌的《猫和老鼠》。昨天晚上，妈妈把爸爸的饭摆出来,爸爸抱怨说鱼是冰冻的。他从口袋里掏出 10 英镑的纸币说他要去工人之家咖啡馆,说那里不会每天晚上都让人吃油腻腻的鱼和蒸粗麦粉。妈妈怒不可遏,她说长期忍受爸爸的坏脾气,都可以得到英国勋章了。说完,妈妈走上楼,拿出一只袜子套在头上,像个戴面具的劫匪,然后下了楼,用冻鲭鱼猛击爸爸的脑袋。"

七嘴八舌

这个游戏会让孩子兴奋地尖叫,可以让孩子从疲惫不堪、无精打采的状态中恢复活力。这个游戏对时间有严格的要求。给你的女儿就 1 分钟的时间,让她快速地讲出她正在学习的内容。60 秒一到,把表交给她让她来计时,你用 30 秒的时间来重复她说的内容,也要尽可能快地说,把你所记得的都说出来。讲完后,让她更正你讲错的地方或者肯定你讲对的地方。

思考—讨论—交流

这是学校里常见的 2 人讨论的雏形。如果你真的打算着手帮助孩子做家庭作业,那么在家里做这个游戏对于活跃思想是大有裨益的。

如果题目太难,不好入

手，或者需要通过头脑风暴法⑰来构思文章，那么就请你和孩子一起坐下来，给你自己三四分钟独自思考一下这个问题，然后你们俩一起来讨论你们的想法。解决问题时，两个人的智慧总是会胜于一个人的。你们的讨论有了明确的框架了，孩子的文章就能写得更流畅。亲子练习

谬论

引发一场辩论，能写成一篇有趣的文章。给你的女儿一句错误明显的话，如："吸烟有益，是有利于社交的好习惯"；或者"文法学校的体制保证了80％进入现代中学的学生享有公平的机会"。给她5分钟的时间构思一段议论文去圆这个荒谬的命题。

还可以从这个游戏中延伸出一种方法帮助孩子准备论述文，题目可以是历史考试会遇到的那种题目，比如："说说埃诺奇·鲍威尔的《血流成河》的演讲是否说明他是个种族主义者"。为了便于在家里尝试，最好选择这样的题目，如："和外形奇特的人结婚好处很多。说出你的理由。"在思考—讨论—交流的练习中，讨论多以辩论的形式发展。你提出嫁给怪物不错；孩子要反驳。讨论完了，交换立场。现在你认为娶个女巫很愚蠢；孩子则会认为和怪物订婚是个不错的主意。这个游戏不仅可以锻炼她辩论中的表达技巧，她还学会了从两方面看问题，并能涌现许多新奇的想法来完成文章。亲子练习

苏格拉底问答法

苏格拉底是古希腊人。绝大多数人就知道这么多。在我做调查之前，我只知道他是古代人、希腊人、秃头、大胡子。后来我从事教育领域的研究，对他就有了更深的了解。

苏格拉底不相信多数人相信的事情，认为人们相信的不过是迷信和尚未验证的谬断。他认为每一个思想、体制或者信念都需要经过严格的、彻底的、逻辑上的反复质疑来验证。那样的话，矛盾突出了，虽然可以揭示某些信念是不可信的谎言，我们可以消除它们，但是我们会因此纠缠那些已经明确了的实情。

对前辈的观点和偏见不盲目地接受是对的，但是权威人士不喜欢这么做。苏格拉底本人最终受到了审判并被处决，因为一场战争失利之后他居然质疑神的作用，提出战败与将军们的作战策略有关。可以想象将军们不喜欢人家这么说，最后他只好被迫饮下毒堇汁，结果可想而知了。

任何一个合格的老师都会把培养学生质疑的态度当作工作重点之一。不要对书上的一切都相信，提出问题，自己找出答案。苏格拉底学习法的精妙之处就在于，你可以引导孩子自己去发掘知识。告诉孩子一切，灌输知识，这只会抑制思想；而自己去发掘知识则会促进思想进步。每个孩子都能够就任一问题得出完美推理的结论。你会发现，由于尚未完全被成年世界所同化，他们的思想常常更有创造性。而且这么说吧：甚至比你的更好。下次你提一个问题,不要告诉他们答案(尤其是你自己也不知道答案的时候),交给他们。问他们:"你自己怎么看呢?"让他们自己解决问题。

在采用苏格拉底问答法的时候,你可以把问题分为这几类:

要求阐明的问题:你那么说什么意思?你的观点是什么?可否换种方式表达?你指的是哪一点?可以举例吗?可以解释一下吗?请你具体地说说这点好吗?

要求核实假设的问题:你在这里似乎做了一个假设,是什么呢?我这么理解对吗?你推论的理由是什么?你对什么问题想当然了?为什么有人会和你做一样的假设?

要求理由和证据的问题:举个例子吧。你怎么知道的?你为什么认为这是对的?你那么说的理由是什么?这些理由够了吗?什么可以让你改变想法?你这么说有什么证据吗?你认为这个证据能说明问题吗?我们怎么才能知道这是对的?

对某些观点提出问题:你是否在暗指什么?如果发生了这件事,那么接下来还会发生什么事呢?一定会发生吗,还是有可能发生?

关于启示和结论的问题:我们如何才能发现这点?这件事合理的结局是什么?还会发生什么?

我刚刚与我8岁的塞巴斯蒂安进行了苏格拉底问答。他刚刚给父母泡了两杯茶,说实话,我宁可去喝加了两勺糖的池塘水。如果他的泡茶水平有待改进,那么看看这方法能不能马上改变一个男孩泡出来的茶味。这是证实苏格拉底问答效用最好的办法了。我也许可以喝得上他泡的一杯好茶。父子俩对话如下:

  爸爸(坐下来,摆出一副赞许的面孔):来,巴斯,你的这杯好茶是怎么泡出来的呢?
  巴斯:噢,嗯……我不知道。我知道怎么泡茶,所以我想我会泡得出好茶……可能也没有那么好吧。
  爸爸:你回答了我的问题了吗?
  巴斯:是的。

那么这就是苏格拉底问答了——全是废话。不过话说回来,你得坚持问下去。

  爸爸:你的这杯好茶是怎么泡的,巴斯?
  巴斯:先将水注入壶中,煮沸。
  爸爸:你为什么认为一定要注入水壶中?
  巴斯:不是一定,可以用蒸锅在炉子上煮。
  爸爸:用水壶烧和用蒸锅煮有什么不同?
  巴斯:用蒸锅你不知道水量,也不知道什么时候不用再煮了。
  爸爸:为什么会不知道?
  巴斯:它不会鸣笛。
  爸爸:水没烧开会怎么样呢?

3. 社交型

巴斯：你的茶就是冷的了。

爸爸：水开了，你做什么呢？

巴斯：丢一个茶包进去，然后，人家想要多少糖就加多少糖。

爸爸：你把茶包放进了水壶？

巴斯：啊！不对。应该先把水从水壶里倒进茶杯中。

爸爸：水壶是金属的还是塑料的有影响吗？

巴斯：没有。

爸爸：水开了，直接从金属的水壶里喝水会怎么样？

巴斯：连糖和牛奶也不加吗？烫。

巴斯开始觉得无聊了，注意力不集中了，这我一点也不觉得意外。我跟他回顾刚才的问题，他又像往常一样回答："别问了。可能你是加特福德最有名气的老师，但是你最无聊了，你的东西都很无聊。如果我是大人，我才不会读你的破书呢。"

结论就是，别对8岁的孩子用苏格拉底问答法。你们的对话毫无意义，还会惹恼他们，说出一些你自己不愿意面对的事实。不过，你可能会说还是有学到东西的。第二天晚上我们又聊了一次。巴斯记起来了不一定非要用水壶，可以用蒸锅；不是所有的水壶都会自动断电；知道了不把水烧开，泡出来的茶就很难喝；如果水一烧开就用水壶喝，嘴一定会被烫伤。

我曾经对普通中学阶段的学生用过这个方法，给他们上阿瑟·米勒的《激情年代》。故事背景是1692年的马萨诸塞，在一个小小的清教徒居住区，一半的居民被当作巫师给烧死了，审判者就是这些 14 岁的孩子们。为了让我的学生明白在任何一个神权政治下,即单一的宗教信仰来管理社会,结局会怎样。我用了苏格拉底问答法。先给每个人安排一种宗教信仰,为了便于学习,让我们用塔法里教、天主教和撒旦教为例。首先让学生区分三种教义,再通过问答、查证和分析,对在这些宗教统治下的合理结局得出结论,最后将这些训令牢牢记住。大家一致认同的教义如下:

- 塔法里教徒都是素食者,从不剪发,吸食大量的药草。
- 天主教认为有效的避孕、流产和离婚都是不道德的。
- 撒旦教的教义是由撒旦教之父、撒旦教会的大祭司安东·拉·维撰写的。规定了不可轻信媒体,不可傲慢,己所欲,施与人(我想他们根据某一句话杜撰了这句)。

我提了一些问题,让他们能够想到如果严格执行,或者全社会都毫不置疑的话,每一个宗教信仰的合理的结局。他们的结论非常有启发性。

在塔法里教统治下,所有的理发师和部分剪刀匠将失业。如果我们说的只是著名发型师尼克·克拉克的话,就由他去吧。但是当地的理发师是个很好的意大利小伙子,如果他无法谋生的话那就太遗憾了。不需要农场饲养动物了,所以它们要么被屠杀,要么就被弃之不养了。孩子们长大后会得缺乏维生素的疾病,比如说软骨病,人人都视力模糊,做不了清洁工作(这我还头一次听说)。一个彻底的塔法里的世界就是牛羊当道,人们变得麻木不仁。我不愿意生活在这里。

3. 社交型

天主教当道的结局有点可怕：出生率将呈 3 倍增长，艾滋病将在全球各大洲肆虐，夺去人们的生命，唯一幸免的则是囿于无性婚姻的不幸的人。和现在没什么不同。

撒旦教，至少从苏格拉底问答法练习的角度来看，结局还是相当不错的。人们变聪明了，谋杀和强奸案少了；街头的涂鸦被擦掉了；英国资深艺术评论家布莱恩·塞维尔闭嘴了。皆大欢喜。

但是要提醒孩子们，问太多问题也很烦人。苏格拉底纵然才智过人，也算不到提刁钻的问题会给他带来多大的麻烦。给别人解释的机会是件好事，但是要当心，他们是不是心胸狭隘的小人，日后会不会找你算账。

倾听
在课堂上，在生活中，这是很重要的技巧。假设在两小时物理课上，同学们早就天马行空、想入非非而招致老师生气的怒吼，"为什么大家都不听课？地心引力很有趣，真的很有意思。你们这些不上道的傻瓜。"而你的孩子却能够做到从头听到尾，专心致志，她的物理考试一定没问题。

我读书的时候，有一次，同学们都走光了，那个无聊的老师还在教室前面喃喃自语。可以教会孩子好的倾听技巧，使他免去这样的苦恼。你可以告诉他们如果上课专心，时间过得更快。恰当的倾听技巧是一种手段，可以保证你专心于任何一节课，不会因为开小差而被老师抓住。

在课堂上，善于听课的学生把倾听当作是高超的脑力工作。听有三要素：听见，理解和判断。首先要听到信息，知道是关于什么主题。然后再进行加工。可以问自己一些问题，检验理解的正确性。比如："每秒米，每秒是什么意思？是不是说每秒增加的速度？"然后她就会对这个信息进行判断。"这么说对吗？可信吗？"一个好的听者会本能地进行这三个环节的思维活动。不论有没有找到这个方面的信息，也不论是不是说得有趣，她会关注对她有用的东西。不好的听者只会关注于说话方式而不是内容。老师说话时任何一个细节都会引起她的注意，其次才去听内容。

学生会无情地嘲笑老师的说话方式。我刚从教的时候见过一个老师，他有个严重的问题：就是一直要神经质地清嗓子。"早上好，嗯哼，7年级的同学们，嗯哼，嗯哼，嗯哼。今天我们要，嗯哼，学习板块结构学，嗯哼，嗯哼，嗯哼。"他的学生都跟着他学，所以如果你经过他的教室，你就会听到：

老师：早上好，嗯哼……
学生：嗯哼。
老师：同学们，嗯哼，嗯哼。
学生：嗯哼，嗯哼。
老师：今天我们要，嗯哼……
学生：嗯哼。
老师：别咳了。

3. 社交型

学生：［安静］
老师：［看着学生，不说话］
学生：［不出声］
老师：［继续看着学生，不说话］
学生：［也不出声］
老师：嗯哼，嗯哼，嗯哼。
学生：嗯哼，嗯哼，嗯哼。

每周三上午都是如此——好像时光隧道里的怪异的芭蕾舞剧。

英国学校中很多老师爱打喷嚏，老是啊哧啊哧的。有很多老师都有一个毛病，每句话开头都要说"好的"，或者"OK"。糟糕的是，他们往往说了这些后，忘了下面的话，所以常常大约有 20 分钟时间站在学生面前一直说"好的"、"OK"、"好的"、"OK"、"好的"、"OK"。这时候，无聊的学生都要掀桌子了。最糟糕的是我一个同事。他有个奇怪的毛病，非要说"基本上"、"事实上"这样的话，每个句子都要用这个或者那个短语，甚至同时使用。"基本上，纳尔逊·曼德拉，实际上，是个黑人。他，实际上，被囚禁了 25 年。基本上，实际上，他基本上，感到非常的厌烦。"他常常会忘了最基本的东西，接下来的讲稿就完全记不起来了。他只好站在学生面前，失神地想词儿，嘴里说着"基本上，实际上"，再挤牙膏似的说一些零星的话语。"基本上，实际上，你们应该，实际上，基本上……实际上做一些，基本上，对不起，我的意思是实际上……"

孩子也许会遇到这样的老师给他们上课。如果她想要从课上学到什么东西的话,她应该练就只关注内容,忽略说话方式的倾听技巧。她还可以努力做到主动地倾听,全身心投入:与老师做眼神交流,点头,皱眉,微笑,适当的时候甚至可以大笑。

大脑运转的速度比我们说话速度快 3 倍,所以好的倾听者就会用这个时间差针对别人所说的内容来问自己一些问题。这和我上周听过的有什么关联?怎样把这新的信息运用到我要写的文章中?她可能也会做些小游戏来保持注意力集中:看看是否能够预测老师接下来要讲的东西,或者其他的游戏,让她能保持专注地学习。

第 6 章音乐智能中的听力练习对训练孩子在这方面的技巧很有帮助。下面是另一种方法:

给孩子读一篇一分钟左右的信息量比较大的文章,可以是书本上的也可以是杂志上的。让她安静地坐着听,不能记笔记。读完后,给她一分钟的时间,然后说出文章中的 5 个要点。任何文章都行。你甚至可以读名人八卦杂志中的文章,这样你也有理由去买这么一本杂志了。

再来一遍,不过这次要求她要积极地听,带上身体动作,点头、微笑、皱眉等等。再给她一分钟的时间来加工信息,看看

这次她说的 5 大要点能不能比刚才说的更好些。亲子指引

让·保罗·萨特⑬的作品非常艰涩高深。我读过他的一本著作，我想我只明白两个词。但是任何一个中学老师都知道他的剧本《密室》中的理念："他人是地狱。"如果孩子不想做避世隐居的畅销书作家，（不过这种情况不多见）她就要和他人打交道。除了圣诞节前的拔火鸡毛的工作外，每份工作都要求应聘者有高超的沟通能力。口齿清晰绝对是未来工作中获得成功的钥匙，但是要注意，能言善道只是交流的一方面，良好的倾听、与他人共鸣的能力则更加重要。它们不仅能使孩子成为一个好的听者、一个更有魅力的人，一个朋友更能依靠的人，她还会是未来同事们更能信任的、有用的人。虽然他人有可能是地狱，但也有可能是天堂。

4. 思想型

——了解内向的孩子

孩子爱思考。他也许多数时间喜欢独处,别人以为他很内向或者害羞。他天生爱思考问题,更关注自己的内心世界,不是很喜欢与别人交谈。他可以自我调节,审视自己的行为和感受。他很独立,思考和推理问题的能力都达到了很高的水平,但是他可能不爱说话。

思考的重要性

作为老师,我们不接受学生想出来的第一个答案。孩子们需要时间来考虑问题,但是在英国教育质量评定办公室的体制下,受学校位次排名表的影响,老师往往很乐意看见学生们都把手举起来,所有的学生都愿意主动回答问题,可是这些问题他们都还没有真正思考过。虽然答案不够成熟,老师还是会夸奖他们,然后皆大欢喜地离开教室,没有意识到(或者不在乎)他们这 50 分钟说的全都是废话。

我们不认为课堂上安静是件好事。课上就是要一直唱个不停,跳个不停。作为老师,我曾有个错误想法:我一直认为活跃的气氛和欢声笑语就等于深入的学习。这些东西当然是需要的，不过鼓励孩子静静地思考也是必要的。让孩子达到这种状态，这对于他们的学习和生活都非常有用，尤其是那些天生具有内省智能的孩子们。

允许孩子有时间闭上眼睛，什么也不做，思考一些问题，无论什么问题都行。这也很管用。遐想也是一种娱乐。我本人做的最成功的几件事都是遐想的结果。如果不敢想，那么你有可能就做不到。告诉孩子闭上眼睛，想着某件事情，或者干脆什么也不想，只要这么做一定会有收获，迟早都能派上用场的，比如说在谈论像诗歌这样带感情色彩的内容之前。或者也可以单纯把它当作是个练习，鼓励他发挥想象力构思一篇文章并写下来。

英国教育不是很尊重和鼓励孩子想象的权利。一切都是跟着成绩走，以至于没有时间说出心中的风景，没有时间尝试新的东西。真是太遗憾了。孩提时代，我们应该有些自由的空间，来探寻新鲜事物。大力地推进日本化教育，也就是顾此失彼地加重课业，不仅给老师和学生增加了负担，而且有百害而无一利。他们再也不重视，甚至不允许孩子们去探索新事物了。

学习是一种情感体验，学习能力受情绪状态的影响。压力不利于学习。这就是为什么不应冲着孩子，特别是男孩子大喊大叫。如果一个学生考试不及格，而且还在课前两分钟把抄来的作业交上去，这时候，老师如果对他进行人身攻击，他并不会立刻改正，进入学习状态，却只会把这当作耳旁风。

大脑分为3个部分（我说过没有愚蠢的脑袋）。大脑皮层是最聪明的，所有高级的行为都靠它完成，比如说话、思考，甚至可以告诉客服，你已经知道了你有未偿还信用卡账单，没必要在每天孩子睡觉的时候再打来语音电话提醒。大脑皮层之下的是脑缘系统，这是哺乳动物具备的一种大脑，让你感受愉悦和舒适。它控制着你的情感状态。再下来就是脑干，也就是爬虫类脑。

你是否觉得奇怪为什么很难得到一只蜥蜴或者10来岁男孩的拥抱？那是因为他们的脑干太忙了。爬虫类脑没有情绪反应，因而也不会表现过多母爱。蜥蜴看它们的孩子，没准还会想把它们美餐一顿呢。爬虫类脑不是我们身上最好的部分，但它控制着我们最基本的本能：吃、喝、拉、撒。它没有思考能力，但是有反应力。冲着十几岁的男孩子大喊大叫，会激发他最原始的防御机制。无论最外层的大脑皮质反映出他是多么的敏感，多么的热爱诗歌，多么爱穿花边衬衫，他的爬虫类脑也会发挥作用，并且切换到另一种模式，要么逃避，要么反抗——典型的"攻击或逃跑"的本能。因此，对着孩子喊叫的结果是他也对你喊叫，最终会一发不可收拾；相反，如果一开始就好好地理智地询问，我们就完全可以避免不愉快的局面。

老师们更关注的是脑缘系统。我们用各种方法帮助学生们变得爱思考爱提问题。这可以让他们快乐地吸取知识，让他们对学习感兴趣。在轻松和积极的氛围中学习效率更高。如果你有办法让他的大脑分泌出"感觉好极了"的荷尔蒙，那么，让他做什么他都会觉得"感觉好极了"。

思考技巧
教育中有专门教授孩子们进行批判性思维的领域。1998年以来,这种思考能力的培养已经上了全英各小学的课程表了,而且是必修课。思考能力测试也被用来选拔报考剑桥大学的考生。

原则上,这么做非常好。教育体制必须反映实际情况。知识广博可能会让你在棋盘问答的游戏⑲中获胜,或者能够进入第2轮策划人问答比赛,但是在雇主眼里你却不一定是好员工。他们需要的年轻人是有创造性的、能解决问题的。思考的技巧旨在赋予孩子们一些能力,日后在他们的生活、工作中有用的能力。同时也力求能够给孩子提供一个框架,使他们能够提出问题,或者对某一个问题提出不同的合理的看法。笛卡儿曾经说过:"光有一个好头脑是不够的,关键是要善于使用它。"这也是思考能力课程的目的:培养孩子运用他们的智力。

具有批判性思维的人的特点是:他们真实地表现自己,拒绝耍手段,保持清醒的头脑,善于提出问题,根据事实来做判断,会寻找事物的内部联系,独立思考。我甚至听说批判性思维能够治愈秃发,但我不相信。阿兰·德·波顿是个了不起的思想家,但是秃发却始终没治好。

德博诺的思考帽
最早提出批判性思维的是爱德华·德博诺。德博诺先生与他的前辈笛卡儿一样，都认为"很多智力超群的人不会思考。智力就好比汽车的马力。可能你的汽车马力很强，但是你却不能很好地驾驭它。思考就像是开车的技能，每个人都需要它来开动智力。"

德博诺最著名的方法就是 6 顶"思考帽"，简单明了。想象有一个人站在房子的前面，另一个站在后面，还有两个分别站在房子的两侧。站在房前的人说房子有一扇门；站在房子后面的人表示同意，但是认为门的位置不同；而站在两边的人则说只看到窗户。他们激烈地争吵起来，认为自己看到的对。但是如果他们一起依次站到房子的前后左右，他们就会明白他们都是对的。

思考帽可以让你不论从哪个位置都能看见全部的事实。每顶帽子代表你研究的不同角度，并分别用颜色来表示：

- 白帽子＝中立的观察者
- 红帽子＝固执己见的，情绪化的
- 黑帽子＝严厉的，挑剔的，思路清晰，否定态度
- 黄帽子＝积极的
- 绿帽子＝有创造性，寻求新的见解
- 蓝帽子＝总结别人的观点

一开始，这好像是一群无聊透顶的商人工作一天后玩的一个特别傻的角色扮演游戏。你可以想象他们穿着圆细条子衣服，头上戴着傻傻的帽子，为了得到一顶绿色的表示自己见解独到的

帽子争论不休，但是，假如暂时抛开你的成见，你就会明白，德博诺其实提出了一个严肃的观点。你可以对任何问题都采用帽子测验的方法，这有助于你进行清晰的思考。

让我们试着回答一个最根本的问题：人死后有来世吗？白帽子（中立的）不会承认；红帽子（自以为是的，情绪化的）会说他相信有，尽管没有证据（有就是因为有，不是吗？）；黑帽子（严厉的，理性的，反对的）会对来世之说不屑一顾，认为是乱弹琴；黄帽子（肯定的）同意有来世；绿帽子（有创造力的）会问死前有没有生命；蓝帽子（总结）会审视这场争论，努力寻求一致的意见，显然是不可能的。

下次孩子做家庭作业，要做些研究或者对某事表示看法——这首诗好不好？伊拉克战争对不对？老师的思考帽的联系法是不是帮助他对事物有了全面的看法？是不是可以提供翔实的资料来完成一篇条理清晰的论述文章？

意识形态卡片
这个方法我在课堂上常用，但是在家里也可以进行。它是从德博诺的思考帽延伸出来的一个游戏，可以进行深层次的学习，却不需要那么多的帽子。

不管看什么书、故事或者历史事件，方法都有很多。意识形态卡片的方法就是分析。选一张卡片，然后从不同的角度来解释或者重塑那个故事。事先可以和孩子一起坐下来复述故事，比如，从不同的角度来复述《小红帽》故事。孩子可以以狼的口吻来说,你可以从老奶奶的角度来说。如果说得不错,就让他从女性主义或马克思主义的立场来重新编一个故事。这相当有挑战性,而且非常能锻炼脑力。

以女性主义的角度来读《小红帽》的故事可以这么说:给奶奶送花的艰巨任务是由这个可怜的小红帽完成的,根本就没有哥哥;她去奶奶家的路程代表了典型的女性的人生道路,困难重重,到处都是不怀好意的、如狼似虎的男人;那个樵夫和所有男人一样,只有等到小红帽落难了,被狼吞到肚子里了,才来救人。

以马克思主义的角度来读的话,可以把狼描述成资本主义的象征,从小红帽和老奶奶那样的劳动人民身上搜刮民脂民膏。樵夫代表工人阶级,英勇的救星,狼的终结者。小红帽的红头巾象征着革命的颜色。

这个游戏很有趣。它说明对于一本书或者一个历史事件的演绎没有正谬之说,它让孩子可以洞察和审视别人的观点,并且认识到他们的看法与自己的一样有意义。如果孩子写文章的时候脑子空空没什么想法,这个方法可以让他对已经有点厌烦的内容重新产生兴趣。

对于马上要初中毕业,或者要进入高中阶段学习的学生来说,意识形态卡片非常有用:让他们对所学的东西有了全新的认识。你不妨将下面这个部分复印下来,或者干脆就撕下来(我干脆在另一面写一些没用的废话好了),把它们裁好(最好你能够先压缩一下内容)。孩子在阅读写作的时候,不管是写什么题目,如果他写不下去或者写不出来,你就洗洗牌,给他一张片。这可以让他对所读的文章有新的认识,给他提供一个不同的角度来理解课文。

你是马克思主义者。你认为只有研究社会阶级斗争的文章才有意思。你会从社会、政治和经济不平等的角度来分析文本。	你是女权主义者。你认为只有研究社会性别斗争的文章才有意思。你会从性别歧视、父权、性别不平等的角度来分析文本。
你是心理学者。你只对体现或者分析人类潜意识的文本感兴趣。你会用弗洛伊德的思想来进行诠释。	你喜欢读自传。你会从文本读出作者的人生。你认为作者的人生间接地从文本中反映出来。
你是个追求形式的读者。你认为文本中的语法、标点符号和正确的语言形式才是最有趣的。你会从这个角度来理解文本。	你是结构主义者。你相信文本的意义在于是否讲述读者的经历。你会觉得这是关于你自己的书。

要向更小的孩子说明应该要认同别人的观点,可以先做点铺垫的练习。我在前面提到过的,非常管用:从不同人物的角度来复述故事。把第三人称的故事改成由第一人称来叙述,比如:把"小红帽去奶奶家"改成"我去奶奶家"。这个方法对于语言学习非常实用,而它真正的意义却在于可以培养情感。从狼的视角来讲述故事可以培养移情。他饥饿难耐,而且不管怎样,老奶奶那么痛苦。这算是给她安乐死,算是善举。再说了,可怜的狼既想肉体不死,又想灵魂永生,该怎么做?门外

的人能不能吃？所有的故事都可以让孩子来以不同的角色做复述。亲子提示

儿童哲学

我们小时候，我妈妈有很多语录。如果她让我们去取一件东西，我们竟然没找到，她就会说："到了井里还找不到水。"她马上就能找到那件东西，然后就会说（而且是每次都说）："如果它有嘴，早就咬你了。"我们兴奋地议论开来。如果我们胆敢说最初她的指令不够明确，她会大喊："我说黑，你们偏说白。"妈妈盖尔特式的至理名言并没有恶意。有句话是妈妈自己编的，但是很有哲理。后来我的孩子进入青春期，让我操心的时候我常常会说这句话："两片扑热息痛，一夜充足的睡眠可以治百病。"在我的教学生涯中，我也编了句"格言"，并且慷慨地传授给新老师们。这句话是："《查理和巧克力工厂》[20]学问大得很。"

你会反驳道："《查理和巧克力工厂》没有涉及潜伏热系数、河湾或者斐波纳契数列。"你错了。加热了巧克力才有巧克力河；奥古斯都·格鲁掉进了巧克力河可以说明沉淀物最终如何形成了地理特征；斐波纳契数列最初是用来分析兔子的交配习惯的，它们在约翰尼·戴普的电影中跳来跳去的。我知道这是很荒谬的类比，但是说明了一点：儿童文学里也有大道理。查理是个有礼貌的、爱家人的、诚实的孩子。他像圣经故事里的米克一样，继承了那个巧克力工厂。胖子、嚼口香糖的人、那个贪婪的人，还有那个整天看电视的人都得到了报应。这是我读到的最好的关于因果报应的书。

4. 思想型

每天晚上给我4岁的儿子读《奇先生妙小姐》，这可是件苦差事，但是对雷恩来说却是关于道德和行为的晚课。（你读过《专横小姐》吗？这是部离奇的佳作，非常真实：虽然在学校里专横小姐不会穿着强硬的靴子，她当上了副校长。）但是到了11岁，课程里就没有了寓言和童话故事里的浅显易懂的道德课。缺乏道德和哲理教育，如今的中年人说到"当今的年轻人"的时候，都会感到失望和不屑。

我们常常认为幼儿书中的道理只适用于学龄前的孩子，但是，给大点的孩子再重复这些道理，会让他们回到幼时道德上纯洁无瑕的境界。随着年龄的增长，事情变得更加复杂。要时时提醒他们"要尊敬他人"、"要勤奋"、"要对妈妈好"，以免他们在忙碌的学习中遗忘了。

有很多课没有在第4频道的《点石成金》系列节目中播出，其中一堂课讲的是儿童哲学。当时我们读了莫里斯·桑达克的《野兽家园》。书中的主角马克斯因为发脾气受到妈妈的责备，回到了卧室。从卧室里他来到了一个神奇的幻想之地——野兽王国。他成了它们中最凶猛的一只野兽，与它们嬉闹。这本书说的是性情与发脾气可能导致的有害影响。我用这本书与孩子们讨论生气的孩子行为表现的问题。

其中有个孩子，也许是他们中最聪明的一个，露营的第一天就被排斥。他发牢骚说："你×××对我们指手画脚。"一个13岁的孩子，让他去给4岁的孩子读书，他有这般反应，算是不笨。我对他解释说，我指使他这么聪明的孩子做这件事不是没有道理的，况且他还可能从书里发掘一些可以讨论的东西。让他不生气的方法就是引导他明白他的智慧能使他成功。课后我们聊了一阵。他不仅明白了，而且我感觉他很高兴能有机会谈论对他来说相当有分量的问题。

这就是儿童哲学的意义所在：给孩子提供一个框架，让他可以去考虑或者找出大问题的答案。很多问题都来自儿童故事。儿童哲学让孩子有机会问这些问题，并且在讨论之后能够引以自律。几乎每节课都是以这样的模式来上的。有一个固定的程序：刺激物—问题—关联—讨论。

刺激物
读一篇儿童故事或者寓言故事。我们会选择《三只小猪》。

问题
接下来让孩子根据故事提出问题。再读一遍故事，看看里面包含什么道德问题。可以问一些简单的问题如："应该把你所有的钱都花光吗？"也可以问一些高深的道德或哲学问题。我也读了《三只小猪》，提出了几个问题，我把它们分为哲学问题和实际问题两类。

哲学问题
- 大家都是坏人，只有你是好人，是什么感觉？
- 人人都会死，是否意味着我们不需要努力工作了？
- 如果你不信上帝和天堂，是否意味着可以干坏事了？

- 什么是妒忌?
- 年纪大的人会妒忌年纪小的吗?这样对不对?
- 求得他人的原谅,什么时候才是好时机?
- 为什么有人会算计他人,并乐此不疲?
- 不论你干了什么,你的家人都会原谅你吗?
- 为什么勤劳的哥哥原谅了两个弟弟?

实际问题
- 为什么要努力?
- 完成浩大工程的最佳途径是什么?
- 每晚都开派对好不好?

哲学问题有助于孩子培养道德感,让他们学会对事情的是非判断。而"努力"的观念则悄悄地渗透到了现实生活的实际问题之中。由于大多数的故事讲的都是辛勤工作最终有了回报,孩子们一般都会说到这一点。

但是要记住,这些都是大人提出来的问题;大人不像孩子那样有开放的思想,爱问问题。你会发现孩子读完故事后提出的问题更有趣。

关联
这个环节可以省略。让孩子们提出一个主题。学生们看着所提出来的问题,想想是否能够把它们进行分类或者找出其中的关联。方法有很多:他们可以在纸上把问题写下来连线,并用荧光笔来上色;或者用维恩图㉑来表示。现在这些问题都有了一个主题。我在前面就《三只小猪》提出的问题可以用下面 4 个标题联系起来。

1. 死亡对我们行为的影响
2. 妒忌
3. 家庭的作用
4. 宽恕的性质

如果你这么来看待这本书的话，那么显然《三只小猪》是一本涉及严肃的哲学概念的高级的文学作品。

在寻找关联过程中，孩子仍处在接近自身发展阶段的舒适区域。应该鼓励他们大胆探索，帮助他们获得新的知识。

讨论
针对故事提出问题的讨论可以在饭桌上轻松地进行，但是也不一定非要有故事。比如，每天播出的《东区居民》[②]都会把道德和社会问题上升到哲学讨论，而你可以借机对孩子进行道德教育。

但是这种情况下，你要选出其中一个问题，理顺你的思路，甚至可以玩"谬论"（见第 3 章）。"我认为猪哥哥从狼口里救了两个弟弟，它是笨蛋。"然后轮到下一个人。"你说呢？你同意吗？"第二个人会说他是否同意你的观点，理由是什么。这不仅有助于口语能力的培养，而且可以巩固他们证明自己观点的习惯。所有的考试都要求学生用证据来支持自己的观点，而这个游戏对于此能力的早期训练是再好不过了。大人要去引导这样的讨论才能有趣。如果发现讨论已经偏离了原来的问题就要打住，但是如果他们引出的新话题也很有趣，那么没关系，可以继续；如果说得不知所云，那也不要紧，换个题目就好。

做这个练习可以帮助孩子接受新想法，并且愿意去讨论这些观点。同时也能够让他流露真实的情感，从而培养了他们的自我意识，这也是丹尼尔·戈尔曼所说的成功的关键要素之一。他会从中获益良多，只要你可以教他你自己是怎么做的，因为你是他最主要的行为榜样。

记忆技巧

让人觉得无奈的是，当今的教育体制依然要求孩子记住书本内容。大家都反对通过死记硬背来学习。教育工作者也认为这是过时的方法。甚至早在狄更斯时代，人们就讽刺把孩子当作空容器，往里面塞知识的想法。《艰难时代》中的格拉德格林的教育观点代表所有的错误的教育观点。这些观点我们现在看来是特别过时的："我们希望，在不远的将来能有一个'求实委员会'，所有的理事都是实事求是的人。他们会命令所有人都要实事求是。事实是生活的一切。你必须把'幻想'一词整个抛弃。"

现在的教育更加注重生活技能的教育——正所谓"授人以鱼不如授人以渔"。我基本认同这种说法（但是有一点：如果鱼竿断了，这个木棍对谁都没用了），我们不能把知识本身当作是卑微的贫民，无视它的存在。这不符合实际情况。学习知识没什么错。雷格·霍尔兹沃斯曾经在《加冕街》中说过一句脍炙人口的话，"知识就是力量。"我们总是会让孩子们记一些毫不相干的东西；如果他们掌握一些策略，对他们很有帮助。有一些技巧你自己在学校里也曾听说过而且肯定也用过的，现在仍然值得推荐给孩子。

首字母组合法

你也许记得这个技巧——用谚语的首字母来记小学时竖笛课里的知识，即 EGBDF。"Every Good Boy Deserves Favours/Footal"（每个好孩子都要表扬/足球）；"Every Green Bus Drives Fast"（每辆绿色的公共汽车都跑得快）；"Every Green Bogey Delectaby Fantstic"（这个更好，高出标准杆的球都是好球）。记忆中，这可以帮助你记得五线谱表的音符，我也说不好为什么。第一节的竖笛课我就被老师赶出来了，因为我造的句子创意过了头。

首字母缩略法

把单词的首字母组合起来构成一个毫无意义的词。我印象最深的是我小时候编的一个词 SOHCAHTOA。由若干三角函数的术语组成。意思是正弦（Sine）就是直角三角形（Hypotenuse）对边（Opposite）与斜边的比值；余弦（Cosine）就是直角三角形（Hypotenuse）中与一个角相邻的直角边（Adjacent）与斜边的比值；正切（Tangent）就是对边（Opposite）与邻边（Adjacent）的比值。除此之外，我印象中的三角函数就是关于计算三角形的：巨难，巨无聊，真×××没意义。不过，你也可以用首字母缩略词 SOHCAHTOA 和首字母组合结合起来让无用的东西变得更加好记。

记忆法
记忆法这个写起来很难，但是用起来却很简单。用一句谚语、一首诗或者一个短语有助于我们记住某个信息。"In 1492 Columbus sailed the ocean blue"（1492年哥伦布发现了新大陆）——借助这种有押韵的句子我们牢牢记住了"1492"这一年份。

最难的就是让孩子牢牢记住"there"，"their"，和"they're"的区别。我也记不清有多少个A分学生，老是分不清这3个词。由于"their"表示所有格，用记忆术的话，可以说"我(I)在里面，它归我所有"。非常简短、贴切。

故事法
把内容空洞的知识点编成故事是极好的记忆法。你可以用这个方法去记所有的东西，不论是数学公式还是购物清单，都可以。你也许会说，到了超市，货架上那些物品本身就是视觉提示，但是如果没有清单的话，你常常会忘了哪些要买。但是身为男人，我非常厌恶在超市里拿着购物单，勾去选到的东西。这让你不仅看起来像是怕老婆的乡巴佬，而且也像是没用的傻瓜，连清单里的东西也记不住。

我让4岁的儿子雷恩说出购物清单上的10件物品。他说了胡萝卜(1)，西兰花(2)，花椰菜(3)，马铃薯(4)，火腿(5)，面包(6)，黄油(7)，奶酪(8)，贻贝(9)和甜玉米

(10)。我很惊讶,因为他完全没有提到我们家常买的薯片、DVD、啤酒、汉堡包和巧克力。我想他一定是选择了学校里那些瞎扯的所谓的健康饮食。那么用上述的物品编成的故事可能是这样的:

Tommy Tarrot (1) [cockney rhyming slang for "carrot"], the ham actor (5) with cauliflower ears (3), had several awful afflictions: on his feet there were corns (10), and he had haemorrhoids that formed the exact shape of a floret of broccoli (2). They flared up whenever it was taters (4) [short for "taters in the mould" - cockney rhyming slang for "cold"]. Poor old Tom. They caused him no end of havoc, and he'd often try and ease the pain (6) [said in a French accent: think about it] with either a bread poultice (6, again) or by spreading butter (7) on them. As a result he developed tremendous mussels (9) in his left arm. People spotted this deformity, but rarely would they point it out, as they were too well bred (6, again). Ouch-what a cheesy (8) pun!
汤米·塔罗(1),是个二流演员(5)。他长着副花椰菜样(3)的耳朵,身上有几种毛病:脚上有鸡眼(10),还有长得像小西兰花(2)的痔疮。天冷的时候(4),痔疮就会开裂。可怜的老汤米吃尽了苦头。他也常常想办法缓解疼痛,(6 bread 用法语读出来是不是像 pain?)用面糊糊(6)或者用黄油(7)来敷。最后,他左边胳膊里还长出了巨大的像贻贝(9)一样的瘤子。人们看到他变得畸形

4. 思想型

了，却没人愿意说出来，因为他们非常有教养（bred 与 bread 谐音再次提到了6）。多么漂亮的（8）一语双关！

这个故事里我三次提到了面包。大概因为我常常忘了买回家，常常受到责怪，我要多提醒自己吧。

大家明天就去卡特福德的特易购㉓买这些东西，开始均衡的饮食吧，哪怕一次也好。我发现我不用那个傻瓜清单，就可以记住买雷恩开出来的所有东西。不知道什么原因，我自己吃不下面包或者黄油哩。在特易购的时候，一想到西兰花，我的右手就会下意识地不知不觉地伸出去拿一罐治痔疮的特效药安娜苏，是不是很奇怪？

没什么是孩子理解不了的。孩子的大脑已经发育到能够清楚地理解最复杂的概念了。有的时候学校忘了这点，以居高临下的态度教训孩子，这点非常糟糕。运用培养思考能力的方法，如儿童哲学，让孩子们自由地讨论什么是真、什么是假。打个比方，上帝是否存在，长得什么样，美好的东西都能是真实的吗，诚实是否总是首要原则。这些不过是冰山一角。思考能力使他们能够对过去和现在的任何事情都有正确的观点。还能说教育就是为了通过考试吗？

5. 幻想型

——视觉学习法

也许孩子对图画特别有感觉，喜欢色彩，可能喜欢花时间看地图。她善于想象，脑子里很快就能想象出结局。她有很好的空间感，喜欢通过看图来获得新的信息，不喜欢别人说。她爱画画，爱涂涂写写，爱乱涂乱画，特别爱幻想。

我们中绝大多数的人都是视觉学习者，一看就会。我们需要"先见林再见树"。学校里很多课正好相反，让孩子记一系列零零碎碎的小信息块，这对视觉学习者毫无帮助。

左脑/右脑

近几十年来，视觉学习法的关键理论就是左右脑功能不同，它们如何影响学习效果。这里我简单地说说父母应该要知道些什么。

人的大脑有两个小脑半球。左脑负责身体的右半部，右脑负责左半部。这两个半球靠一种白色的叫做脑胼胝体的东西连接起来，通过脑胼胝体向左右脑互传信息。

诺贝尔奖获得者罗杰·斯佩里和他的助手迈克尔·葛詹尼加在上个世纪50年代,对癫痫患者切断脑胼胝体手术后进行了实验,切断了他们左右脑的联系,大脑一分为二:脑袋裂了。(听起来似乎是宿醉的委婉表达法:"今天我不能来了:我头痛欲裂。")让这些病人遮住一只眼睛看一些东西,如胡萝卜,然后问他们看见了什么。"什么也没看见",他们会这么回答。这是因为话语是由左脑控制的,而影像只到达右脑,由于左右脑之间的联系被切断了,因此大脑不可能将胡萝卜的信息传递到语言区域。但是,尽管病人无法定义胡萝卜,也坚称什么也没看见,可是如果在桌子上摆上几个物品,让他们用左手去拿起他们所看到的,他们仍会准确无误地拿起胡萝卜。手里攥着那根橙色的玩意儿,他还在生气地说自己瞎了,什么也看不见了。

这些发现为过去30年来的许多教育理论奠定了基础。他们首先提出了大脑功能偏侧化的概念。斯佩里几年前在一次讲座中提出:大脑是"两个独立区域,都有潜意识,有感觉、知觉、思考和记忆的系统"。

我们认为左脑是主要的,因为右脑不负责说话和识字;由于左脑控制着阅读、写作和算术,所以看起来它是学习生活中你最需要的一部分。我们所需的一切技能都由左脑控制,但是不能因此说右脑就一无是处。右脑能处理形状、音乐和几何问题,这些都与创造性和艺术性的能力有关。俗说左撇子的人更有创造力。

惯用左手、右脑发达的人与惯用右手、左脑发达的人对于信息的处理有截然不同的两种方式。我们认为惯用左手的人会用视觉/同步法，而用右手的人则用逻辑和顺序来思考。如果让他们在一堆干草中找出一根针，左脑型的人会采用逻辑法，一根草一根草地检查；而右脑型的人会把草堆打散，这样可以一目了然。用同步信息加工法可能马上就会看到针已经掉在地上了，然而用逻辑和顺序法来做事情会让你找得手都起泡还是找不到那根针。慢工虽然出细活，但是不能出成绩。有的时候具有破坏性的右脑型的人会胜过左脑型的人。

如果孩子惯用左手，写字的时候整个胳膊都遮住了纸，手像螳螂似的弯成 90 度角；他可不是担心写字的时候手不会被墨水弄脏。有研究表明控制左手的右脑在诸多的运动技能中最喜欢手臂和肩膀的运动。惯用左手的孩子，听从大脑的指令而用左手写字。不要去改变他们。

我们认为左脑型的孩子在学习中有条理，喜欢明亮安静的环境；而右脑型的孩子在我们的印象中就是邋邋遢遢，喜欢躺着考虑问题，一边学习一边听音乐。一般说来，左脑型的人井井有条、用功读书。他们喜欢房间整洁，会做算术。而右脑型的孩子迷迷糊糊的：头发长长的，异想天开，整天在外闲逛不着家，但是他会是你最喜爱的孩子。

两个大脑还有如下一些特点：

左脑的功能（逻辑）	右脑的功能（感觉）
注重细节	想马上了解整体情况（视觉同步）
实事求是而不是靠直觉	想象力丰富
真实地看待事物	理解符号和影像
语言、读、写、算	音乐、哲学、艺术和宗教信仰
回忆	想象未来
务实、可靠	爱冒险
通过分析数据获取信息	一看就会
寻找规律和示范	从整体上理解
有策略	冲动的、天真率直的

右脑的功能显然看起来非常吸引人，但是左脑的功能才不会让我们误事。由于现实生活中左脑的功能太重要了，那些天生右脑型的人很难适应。让他们按照左脑型的人的模式来生活——上班时间要穿西装，打领带，只有周末的时候才能释放自己，这有悖于他们的天性，压制他们与生俱来的无拘无束的创造性。这就说明了为什么许多人在沉闷的环境中工作后会喜欢富有创造力的爱好。

这也能说明父母与孩子的主要矛盾的原因：父母是左脑型的，而孩子却是右脑型的。我教过的天分最高的学生之一，名叫Oluwafunmilayo（我们叫她"梵米"）。我从没见过谁的名字有那么多音节。她无拘无束，天不怕地不怕。她喜欢争论，反驳一切观点，文章写得非常华丽。她曾用诗一样的语言来形容她的愤怒，说自己成了"深紫色的花儿"。

为了创建英国教师电视台，著名节目主持人约翰·汉弗莱斯来到了我们的英语课堂。他使出浑身解数，给内城里的孩子上了一节语法课。我们有理由相信，在过去30年里采访了无数政要的名嘴对付这些字迹丑陋的15岁的孩子应该是绰绰有余吧。不过，我想汉弗莱斯先生从来没有见过像梵米这样的孩子。她很快就与他激烈地争论起来，尤其说他扩喻的用法很差劲。汉弗莱斯很有风度地接受了她的批评，但是事后，我看得出那场舌战的激烈程度。

以梵米的智慧，她确实能够按照自己的方式来反驳英国最受人尊重的资深电视人，但是有时候她妈妈觉得她还能做得更好。她的妈妈也是极有个性的人，但是她们俩不一样。妈妈穿着得体，举止优雅，确实相当完美。妈妈可以说是典型的左脑型。她认为她的女儿虽然有过人的天赋，但是还需要一些左脑型的纪律：衣着应该更整洁些，少发些脾气，稍微有些自控力。母女俩因此产生了不必要的小摩擦。妈妈要求梵米对她不感兴趣的事也要专心，但是梵米喜欢思考深刻的问题，容易满足，喜欢天马行空。她无法认真地做华而不实的文章。她根本不会花时间去想如何整理好资料，因为有太多有趣的东西等着她去发掘。

想整理资料的孩子也会觉得文件归档不容易。这种事情躲不掉，整理文件笔记的事还是要做的。同样，对待右脑型的孩子，父母应该允许孩子有自己的选择。不要强迫有艺术天赋、热爱艺术的孩子去做会计工作。艺术类学科让父母们很忧心，觉得将来的工作会不稳定。画家、音乐人、作家都不好谋生。

我们最大的愿望就是孩子能够有安定的生活。但是如果他们自己非常陶醉于音乐、戏剧和画画的话，那么他们会非常努力的。一分耕耘必有一分收获。

思维导图

25年前，托尼·布詹根据大脑优势性理论，提出了视觉学习突破性的方法：思维导图。利用大脑偏侧化理论，思维导图创造了一种视觉工具，能名副其实地迅速改善你的生活，帮助你结交朋友，一呼百应，并最终征服世界。

思维导图是一种有效的笔记方式，图文并茂。由于语言处理中心只在左脑，而右脑则对符号更加敏感，通过结合文字和图画，我们调动了左右脑。布詹认为它比传统的笔记方式更加有效。他说传统的笔记形式不利于记忆，因为只使用了左脑——刻苦用功，而右脑却闲着，就像许多有创意思维的人那样：坐在沙发上，抖着腿，看垃圾电视节目，等着工作找上门。显然，一般的笔记让我们进入半恍惚状态，因为它不能完全反应我们的思考模式，所以不能有效地帮助记忆。图像的使用是大脑储存记忆的重要工具。

让孩子拿一张纸，越大越好，比A4纸小点；若干支彩色水笔。将纸横放，布詹说我们的思维都是发散性的：我们的想法由中心向各方伸展。

让她在中心画一个图像。画一个家庭的思维导图，不管画得如何，都是良好的开端。这个图像应该是彩色的，以便于记忆。

接着再画6条线延伸出来，要画粗弧线，分布均衡。在线的另一端分别画出与中心图像有关的图（对于家庭的导图，应该要画出家庭的各成员），在线上标上"哥哥"或者"姐姐"等等。

这样就完成一个基本的思维导图。她还可以更进一步，在每一个图像后面再加上若干弧线，分别加上图像和相应的文字。仔细看看，如果还有关联之处，再添加上去。

一般来说，思维导图有两个用途：头脑风暴和笔记。思维导图给你提供一个自由联想和记录的格式。你会惊奇地发现：虽然有的科目还没教，孩子们就已经知道不少东西了。他们可能没有意识到自己已经掌握了多少知识，而思维导图能体现出来，孩子因此而变得自信。思维导图就好像一张巨大的蝴蝶网，捕捉他们就某一问题的全面想法。

由于思维导图能够帮助大脑记忆和储存信息，因此它们也是出色的复习帮手（见第11章）。复习的时候，她再也不用抱着头坐着，面对特别枯燥的教科书了。她可以用思维导图来复习。有了这种非常有创意的视觉活动，她会觉得复习不会那么无聊，会更愿意复习功课。根据布詹的说法，进考场前，她一定会记住更多的内容，毕竟她调动了左右脑。

思维导图还可以用来帮助写作时候的理清思路。因为已经把想法按照主题分好了,就等于事先将它们进行了分类。设计好了思维导图,孩子只需选出文章所需的主题,按顺序标上数字就可以了。只要按照顺序去写,文章的结构会非常清楚的。

思维导图适合任何年龄段的孩子。教会更小的孩子如何做思维导图等于是教给了她一个有用的学习工具,可以帮助她度过整个学生时代。斯蒂文的思维导图是我所见过的最好的一个。他是街角商店老板娘的儿子,每周六上午找我补习功课。他是个特别聪明的孩子,他说英语不是他最强的科目,但是从他家庭作业完成情况来看并非如此:用思维导图表示麦克白夫人的具体想法,按照布詹的要求,在线条的末端画出图形,并在上方写出引文。一周后,他像往常一样提前两分钟到了我们家,手里拿着一张庞大的纸张,铺开来都能遮住足球场了。纸上画满了颜色鲜艳的图画,写满了他独特的见解。这是我见过的最有创意的作品了。我经他许可将这图挂在了我的教室里。花了3个小时才把它铺到地板上的绸布上。在内城区里教书有时候效率实在太低。

孩子一旦掌握了思维导图的方法,她就可以在自己的卧室里把完成了的事情贴到墙上。非常好看,把男明星的海报都给比了下去。

蜘蛛图

这种方法就更简单了。在学校里也常用,主要是用于整理思路。它没有思维导图那么复杂,完成起来也更快:前者像兔子,后者像乌龟。如果时间紧,而你又急需理出思路,蜘蛛图是最佳选择方案。蜘蛛图的功能与思维导图无异，但是因为没有图片，所以复习起来没有思维导图效果好。它最适用于快速捕捉想法，因为思考的速度会比写字的速度略快一些，所以费时的思维导图很有可能会令你错过最重要的想法。

蜘蛛图十分简单，如果是做思维导图的话，你孩子的纸上会有非常壮观的景象。在中心写下她将用头脑风暴去考虑的事情，画四五条线伸展出去。在每条线的末尾写下一个想法。由于一个想法可以衍生出多个想法，所以她可以自由地联想。亲子练习

连续头脑风暴
连续头脑风暴是根据奥利弗·卡维格里奥里和伊恩·哈里斯的成果演变出来的一种有趣的形式。他们俩是英国首屈一指的设计教学视觉工具的专家。这种形式的基本理念就是"突破节点"。

因为在画蜘蛛图的时候，没有任何图画，与思维导图不同。用思维导图，你可能会非常专注于如何把青蛙或者小仙子画得更好看、更细腻，而忘了做导图的目的和本意——记录想法。这个工具的魅力就在于它可以连续不断。如果你有兴趣坚持45分钟，这是效果最佳的时间，那么头脑风暴产生出来的想法就有可能非常有深度，也许很有可能非常新颖。至少也要坚持30分钟，方见效果。

创意大师肯·罗宾逊爵士在《思想之外——学习创意》一书中说："创意就是有用的独特想法。"每一个孩子都有创造力，但

5. 幻想型

不意味着他们能考高分,但是创造力是世界进步的原动力。

孩子刚开始做连续头脑风暴,会像做简单的蜘蛛图一样,在纸上创作出一幅壮丽的景象。在纸中央写有关的主题词或者短语来收集想法。然后从中心引出6条线,在每条线的末端都画上小圆圈,这些小圆圈就是"节点"。在每个小圆圈里,她必须要写出一个与中心主题有关的词。

接着让她"突破节点",基本原则与画思维导图大致一样。但画思维导图时,我们要从那些图上画几个线条延伸出去,而现在,你只需从每个圆圈上画两条线延伸出去,而后在这两条线的末端各画上一个圆圈。在圆圈里写出和第一个节点有关的词,这便成了一个新节点。从这个新节点再画两条线延伸出去……如此反复下去。必要时,她还得在那些节点上贴些纸片以捕捉更多向外拓展的想法。这种连续头脑风暴图做出来好看不好看并不重要,产生出有价值的思路,这才是最紧要的。

在头脑风暴之后还有一个非常棒的环节,就是让孩子再看一遍她列出来的想法,把曾经想到过的或者听说过的想法都删掉。这样她不仅可以巩固她在这45分钟内产生出来的独到的想法,而且从经验主义的角度来说,她也能够对得起花掉的这些时间。"在这45分钟里,我提出了欧洲萝卜全新的、独特的用处,这就是萝卜牛奶冻的神奇配方!"亲子摘句

鱼骨图

鱼骨图常常用于寻找公司经营中的根本问题。它们看起来像一

根鱼骨头：要解决的问题写在"头部"，四根"肋骨"从"脊柱"两边分别对称地延伸出去。这些肋骨上都系统地归纳出导致问题的起因或者问题的几个方面，把答案或者解决方案写在相对应的骨头上。

按照上面的样子画一个鱼骨图，要记得画鱼头。让孩子写一个问题，比如"为什么我作业做不好？"这写在鱼头部分。然后让她在4根骨头上分别写"环境"、"提供的帮助"、"计时"和"态度"四个类别。她应该要在每一根骨头上记录出她遇到过的问题。"环境"一栏写在第1根骨头下，"提供的帮助"写在第2根骨头下，等等，直到把整根鱼骨头都写满。找出原因之后她可以在下面提出"为什么会这样？"的问题，这样好像又生出了小鱼，你们可以画出比你们所吃过的所有鱼更复杂的鱼骨头。

现在你们就会找出问题的解决方法，如上面的例子，为什么孩子家庭作业做不好；或者酝酿一篇分析问题的文章并提出可行的解决方案。亲子操习

图像记忆
所有高级的记忆法背后都有一个基本原则，就是使用图像。如果在搜寻记忆的时候我们的脑子里有画面呈现，说明我们的记

忆最活跃。正是通过视觉的提示才使得人们可以按顺序记住几百个数字，就算喝得烂醉如泥了还能记得。

定桩法

这个神奇的方法源自希腊和罗马：想象一间房，把脑子里物品的图片按照具体的顺序摆放在具体的位置上。然后想象自己在房间里走，看到了你记忆中的那些物品和它们的顺序。稀奇古怪的、意想不到的画面更有助于记忆，不仅因为它们有趣，而且因为画面给人印象越深刻，人们就越容易记住。

你当然也可以有自己的方法，不一定是一间房间或一座房子。也可以是你很熟悉的一段路：去商店的路上，去学校的路上。你可以创造一些意象并将它们添加到你的路途上。举个例子，比如我要记住英国20世纪历届的首相，我就利用我从卡特福德的家到东区学校的这段路：

离开家门，路过44号，我见到了亚瑟·贝尔福，他是苏格兰人，穿着苏格兰短裙；然后一路走到了10号，我见到了亨利·坎贝尔-班纳文爵士，他举着一面横幅。我来到了公交车站，拢了一下额头的头发，发现我的旁边站着的是赫伯特·阿斯奎斯，他问我有哪路车经过这里。
"181路。"我说。
"有经过伦敦酒店吗？"阿斯奎斯问到。
"没有。"这时我惊讶地发现，大卫·劳合·乔治也来了。我们大家一起等车，车来了，我们跳上车。安德鲁·伯纳尔·劳，正坐在后座抽烟，旁边坐着的是秃头斯坦利·鲍德温。我远远地离着安德鲁·伯纳尔·劳坐着,怕被他的烟熏到。我打开了报纸,翻到了体育版。40年前,英格兰队在奥尔夫·拉姆塞爵士的带领下赢得了世界杯。我在刘易舍姆下了车,见到了拉姆齐·麦克唐纳,他穿着格子呢的运动外套徘徊在轻轨铁路车站。

……

你看,把事情和路程结合起来是非常好的记忆方法。编好路程,把这19个首相都编进去了。半小时后,在完全没有复习的情况下,我写下了14个名字。途中发生的事情越奇怪,我的印象就越深刻。

对我来说,我永远不会忘记拉姆齐·麦克唐纳穿着格子呢的运动外套徘徊在刘易舍姆的轻轨车站的场景。

押韵
如果需要,可以标上数字。你可以用数字单词的韵脚,利用视觉或听觉来记忆。下面是我为记住七大智能而编写的,这些是我所选择的韵脚。

One—sun
Two—buckle my shoe
Three—"To be or not to be"
Four—a party bore
Five—jive
Six—numerical tricks with the number six

Seven—there is no word that rhymes, except heaven

1—太阳（看得见—视觉）

2—穿上我的鞋儿（动作—运动）

3—是生是死，心里不安（哈姆雷特的独白—内省）

4——个聚会，闷得要死（人际关系）

5—摇摆歌舞（音乐）

6—数字游戏6（数学）

7—7和谁押韵—喜（语言）

我们给每一个数字设想一个适当的情景，并押上韵。

One—a radiant sun making everything appear bright, visually attractive and colourful

Two—a shoe being buckled by a Year 8 boy

Three—Laurence Olivier playing Hamlet

Four—a social situation, with some awful geezer in a chalk-grey suit yakking about how fantastic he is

Five—Mum and Dad jiving at a wedding to some fifties music

Six—a flashing number six

Seven—you see the word in bold to remind you it's linguistic

1—光芒四射的阳光照耀万物，一片光明，看得见，有吸引力，有色彩。

2——个8岁的男孩在穿鞋子。

3—劳伦斯·奥利弗在扮演哈姆雷特。

4—社交场合，一个恶心的怪人穿着灰白的外套，高声谈笑说自己多有趣。

5——爸爸妈妈在婚礼上跳摇摆舞,一连跳了50多曲。
6——亮晶晶的数字6。
7——把这个单词用黑体来写,提醒你它是语言。

定格画

课堂上的"定格"是一种由四五个学生参与的身体活动。给他们一个指令让他们用身体动作总结出来。比如:数学公式 a × a ＝ a^2。给学生10分钟的时间让他们用自己的身体表达出来。这时学生可能会用透明胶带把写有字母 a 的纸粘到自己胸前。两个人站起来指着自己的手表来表示 a×a(英文单词 time 有"时间"和"乘法"两个意思),其他人则把自己的身体摆成方形以表示平方。

家里不可能有3个同年级的学生,但是可以让孩子想想如果她身边有3个同学她会表现怎么样的画面,这么做本身也有意义。让她运用想象力把书中的知识转移到一个抽象的画面并且用身体表示出来。这么做会让她的大脑快速运转起来,将创造力发挥到极致。

最好在长时间学习之后来画定格画。让孩子总结出她所学到的最重要的东西。如果她有几个朋友在一起的话,她就可以完成这个定格画。一旦完成了,让她拿给你看,并且解释为什么她画得图画能够代表她所学的主要内容。将具体转化为抽象是件复杂的认知工作,丝毫不亚于完成一件定格画。完成后将它贴在墙上,可以提醒她所学过的内容。亲子独白

创造学习环境

我们要关心和尊重孩子的学习环境。如果一个学校的教学楼破破烂烂,摇摇欲坠似的,那么该校学生的成绩必然最糟糕。因为,如果孩子的教室是幅景象:天花板快要掉了,墙壁也乱七八糟,课桌有大有小,缺胳膊少腿的,那么自然她认为她的学习不如别人的重要。如果孩子们没有得到足够的尊重,没有一间干净宽敞的、布置得富有活力和创造力的教室,那么他们不会按照我们期望的那样认真学习,这也是情理之中的事。

没人喜欢蜷缩在角落学习。我工作过的几所学校,有的教室非常大,空气流通。有的正相反:教室很小,学生都塞不进去;如果有人来参观,人人都要屏住呼吸,拥挤地坐着。二级学校的学生素质会高一些,但是猜猜哪种学校的学生成绩更好,更快乐?

尊重孩子就要尊重他们的学习环境。尊重孩子,他们就会尊重自己和尊重你。

没必要放任孩子把她们的卧室改装成迷你的欧洲迪斯尼似的学习环境,这对提高她的学习成绩没什么意义。C 和 D 仅一分之差,A^+ 和 A 也是一分之差,但是这一分可能就是关系到她能

不能上大学，能不能选喜欢的课程，能不能得到想要的工作。所以如果打算立即改变环境以弥补这差异的话，眼光最好放长远一些。

语言丰富的环境——墙上的字
孩子们一直在学习，有时候是潜意识的。如果家里的环境能不断地帮助她回顾学校里所学的知识，那么她一定会牢牢记住这些知识。所以，如果孩子要拼写测验了，不要等到考完一周后才把正确的拼写钉在墙上。应该要尽早，不断地从视觉上提醒她，让她对这些单词非常熟悉。把孩子的作品和作业贴到墙上会让她有自豪感，同时让她意识到父母也非常重视她的学习成果。

装扮房间有上百种方法。有些在本章节已经说过了；你到小学去看看就会发现有很多方法。我所用的很多好方法在家里也是可行的。首先，不要忘了天花板。几年前，我给男生班上《麦克白》。我们做了纸质的匕首，用细线吊在天花板上，好看极了。走进教室，你感觉好像到了剧场。有了它们，学生们记住了这个剧本也记住了其中一些主题。当他们读这个剧本的时候，这些纸质的匕首可以提示他们。可惜的是，它们没多久就坏了。几个9年级的男生喜欢在下课的时候用这些匕首来捉弄低年级的女生，它们被丢在了地上被雨水泡得变了形，就扔掉了。变形了就没什么用了。

但是作为一个方法，它起到了作用。它还时刻提醒我们纸匕首和细线绝不会没用。你们也可以做面具，钉到墙上，或者可以用晾衣绳夹上孩子们的作品。从一面墙上拉出的一根细绳，夹上衣服夹子非常壮观。你也可以挂上从爷爷奶奶或者朋友那里收到的明信片。

孩子们生活的世界是多姿多彩的，而他们接受的教育大多情况下非常单调，这非常不合理。在小学阶段，老师们让小孩子们明白了他们生活的世界是多姿多彩的，这很好。有一些方法也延续到了中学教育中，但是远远不够。孩子们毕业的小学，墙上画满五彩缤纷的智力游戏，到了中学，中性色的油漆从光秃秃的墙上剥落。作为父母，从某种程度上可以避免这种情况的出现，确保孩子在家的学习环境中有丰富的视觉刺激。和孩子一起做功课的时候要记住：有时一幅画胜过千言万语。

你可以用图画的形式来解释想法。图画本身就是便于理解的解释，可以刺激大脑的记忆机制。对她的学习也是如此。写作不是记录思想的唯一方法，有时思维导图、画画、图表会更合适更有趣。鼓励孩子，开始做家庭作业的时候先问自己一个问题："我该如何更好地表述这个意思？"

6. 音乐型
—— 运用韵脚和韵律

如果孩子能够编出复杂的节奏，并能鉴别音调或者音色上的细微差别；如果他能轻松地听出节奏模式，脑子里总想着音乐，通过押韵来记忆；如果他能够跟得上拍子，听得出不和谐的音；如果他对某首曲子有着明显的情绪反应，那么他就有可能有着高度的音乐智能。霍华德·加德纳认为音乐智能反映最高的情感、精神和文化价值。对一些人来说，音乐可以改善他们的思考方式，尤其是在尝试解决复杂的数学问题的时候。

音乐的力量

写这本书的时候，我的小儿子罗才1岁半。他还不会吵着要吃太妃糖，他甚至还不会吃太妃糖，但是他已经会准确地模仿歌曲《小小星星亮晶晶》的调子了。如果婴儿在说话或者走路前能学会美妙的音乐，课堂上就应该要有这门课。

我自己在这方面的经验，是经过20多年才养成的。我是一个非常不成功的音乐人，曾经当过歌手（某种程度上说算是歌手吧），但是，我所有专辑都销量平平，没有什么市场反应。在这碌碌无为的 20 年间，我所有专辑的销售量还不及克兰基夫妇那支名为"*Fan-dabbie-dozy*"㉔的单曲第一个早上销售量的 1/10。

但是，我仍然酷爱音乐，尽量将更多的音乐元素带入课堂。我认为这是我的使命。我听过的绝大多数的美国歌曲都是伤感的吉他曲，讲述女孩们的故事，有时候它们也混进了课堂——我说的是专辑，不是美国人。如果这样的话，我会马上打断它们，让它们马上带着愚蠢的、悲伤的歌曲走开，放学后我会去酒吧听。

音乐是上帝赋予的，可以改变听者的情感状态。你还记得左脑更有条理，右脑更有创造力吗？左脑型的人是现实主义者：他会接受事情的本来面目。右脑型的人更有可能是幻想家，从童话故事里出来的，有着伟大的计划。理论家说，右脑型的人工作效率惊人。（上帝可能也是右脑型的。）有的孩子喜欢在昏暗的灯光下学习，他们边听音乐边学习效率更高。

我并不提倡孩子一边上课，一边摇头晃脑地听着 ipod 音乐，兴奋得手舞足蹈，但是一个思想开放的教育者不会禁止学生一个人安静地学习的时候听音乐。其中的度很难把握，但是如果真的能提高成绩，值得一试。

所以，如果孩子喜欢一边听音乐，一边做家庭作业，就由他去吧。也许他是右脑型的，这正能帮助他提高学习效率。也许这会让他的学习更愉快，这没什么不好的。我清楚地记得 20 世纪 70 年代末，我一边听着广播 1 台的节目，一边做埃利斯顿先生的沉闷的历史作业。不过现在一想起来，我的耳边就会响起斯汀的歇斯底里的，猫咪哀鸣似的，金属质感的歌声和我父亲在后院的呼喝声："那么吵，怎么学习！"但是，这些音乐对我真的有用。如果孩子需要听音乐来做作业，你应该支持。除非他要听斯汀所有的唱片。这样的话，就要马上带他去看医生了，跟着唱他的歌，久了对声带伤害很大。

音乐可以怡情
音乐的力量很强大：可以营造房间里的气氛，可以影响人的情绪。它既可以让你活力四射也可以让你陷入沉思；它可以让你安静也可以让你兴奋。简而言之，它能影响你的感觉，影响你的理解力，以及所理解的东西。

我的工作之一就是给其他老师进行在岗培训。在此期间，老师们聚在一起学习可以用到教学中的新方法。一个学期有两天，我一想到要培训这些老师，我就很头疼。培训时，我常常会播放一段音乐来"唤醒"这些老师们。他们中很多人因为在岗培训、不用教学，所以就借机在前一晚去喝个烂醉。他们不怎么喜欢听重金属音乐，但是至少他们不会在培训中昏睡过去；而我则有一种报复的快感，为了上培训课，我不得不早早地上床睡觉。

5 分钟快速搞定：播放一首歌，让孩子写出歌词。这需要思维敏捷和大量的书写，相当于给大脑热身以继续更复杂的工作。就算是一分钟，你也会发现听力水平大大提高了。选一首歌词优美的、节奏不太快的歌,歌词最好是你认为可以打动孩子心灵的有诗意的歌。

在众多有关音乐对大脑的影响的研究中,有一个理论指出某种音乐可以提高注意力。比如,听巴赫等作曲家的曲子可以使中枢神经兴奋起来,增强某种脑波的反应,特别是负责数学运算的那部分。最著名的研究叫做"莫扎特效应"[25],认为只要给孩子播放莫扎特音乐选段就一定可以把孩子变成天才。类似的还有铺天盖地的荒谬的名为"小小爱因斯坦"[26]碟片,同样也是这样信誓旦旦。(仿佛爱因斯坦说自己这么聪明是因为拉了小提琴,听了经典音乐。)伟大的教育家泰德·莱格曾经对我说过,上述这些都是"无稽之谈"。"小小爱因斯坦"碟片真正的"好处"是让制造者狠狠地发了一笔横财。

有些学校认识到了音乐对情绪的影响,甚至在接待大厅里都播放巴赫的音乐,也许他们在做研究吧。这个主意不错,我曾经去过一些学校也是这么做的。你走进去后,果真会觉得心平气和,感受到了学生在此所受到的重视;好像每条通往成功的道路都打开了。这还可以提高孩子们的文化品位,给她们前所未有的愉悦。

像这些先进的学校一样,给孩子播放音乐唤醒他们,安抚他们,为他们创造一个有助于快乐学习的氛围。如果你真想帮他做好数学作业,去音像店(或者图书馆)寻找巴赫和莫扎特的音乐吧。也许这是个要反复验证的过程,但是教育没有一矢中的的神奇子弹。不尝试,怎么能成功呢?

总之，音乐可以调节情绪，创造良性的氛围，激活大脑，提高专注力。当然还有其他的用处：它可以激发他对文化理解、培养他某方面的兴趣，或者可以激发想象力。

开启想象之门
音乐是刺激物，可以促动许多不同形式的活动。其中之一就是创意写作。

所有的创意写作对孩子都有好处：表达内心世界，用语言做实验，集中注意力；把在音乐中听到的感觉写下来，就是一篇内容丰富的好文章。这个方法非常棒。

通常，孩子们觉得开始很难。请给他们一个标题，一支笔，一张白纸。也许一小时后，他们面前还是一张白纸。孩子会因为害怕失败而不敢尝试。只要过了这个阶段，他们就会有令人惊喜的进步。让班上的学生听一段古典音乐，然后写下他们所听到的。全班的孩子都会认真地思考，奋笔疾书：小提琴响起，那是海鸥在呼唤；大提琴响起，那是北欧海盗聚集在瓦尔哈拉的殿堂上。

可以轻松地在家里做到边听音乐边写作。你自己先尝试一下。坐下来，面前放一张白纸，打开唱机，写出音乐给你的感受。古

典音乐、摇滚乐都行，不过，器乐会比声乐更适合一些。

然后让孩子试试。规定一个合理的时间，音乐结束就要停笔；允许他自由发挥，不要因为怕他做不对而给他各种限制。听曲写作没有好坏之分，但一定可以写出非常有意境的文章，有思想内容，最后可以写成一篇正规的文章。

在这个练习中，不论孩子写了什么，写完你就要读，并且热情地称赞。如果完成了没人读，他会觉得这么做就毫无意义，也会立刻知道不用那么努力也行。

说唱乐

也许你们要说我像是呆板的地理老师。有另一种音乐年轻人爱听，却打动不了年纪大的人。这种音乐在课堂上可是天籁之音啊，它就是说唱乐。

尽管我曾经不知天高地厚地提出了一个观点，认为嘻哈文化对内城区的行为和学习态度有很负面的影响，结果招来一片反对之声，但是我还是坚持认为一种充斥着枪支、毒品、不义之财、厌女症和物质主义的青年文化正在蔓延，并对年轻人有着致命的影响。有些代表性人物在某方面有着非凡的才华，埃米纳姆就是其中一个，他有着过人的语言天赋。说唱在课堂上很有用，因为它省去了歌唱的形式。在课堂上从来没有想过能写诗的孩子们在午餐时候居然在写诗。他们试着押韵，把自己诗一样的想法付诸纸上，努力寻找一个可以和"orange"押韵的词。我听说一些成绩不太好的学生在编说唱。他们不像往常那样去抢 7 年级孩子的手机,而是对着一张纸,弓着身子,绞尽脑汁在想韵律和韵脚。他们把这当作是说唱也好,当作是诗歌也罢,都没关系:所用的原则和技巧都是一样的。所以说唱的意义有两方面:一方面他们从文化上接受了,另一方面为他们的语言体验提供了原则和形式。

从美国黑人的俚语中演变而来的说唱音乐,有自己隐秘的语言形式。你一定知道了"bling"意为"珠宝"、"beef"(牛肉)表示"争吵"、"殴斗",但是有多少人知道"biscuit"(饼干)是"gun"(枪)的暗语呢?或者知道用"gank"来形容偷窃行为?我发现教孩子这些新的词汇不仅能够增强大家对教育的信心,同时通过这种全新的、能够编排出有趣的押韵的"暗语"也能给孩子们一种刺激。

鼓励孩子尝试写写说唱式的诗歌。不限定主题:弓形湖,二次方程式,密宗教义,甚至是老师换过的几个发型。在这过程中,最好一边给他播说唱乐,一边让他写。这会有助于他获取语言的节奏,并将之运用到自己创作的说唱当中去。

如果唱片选择得当的话(试试 MC Paul Barman),他还会学到新鲜的词语。这是一个说唱词语字典网址:http://www.faqs.org/faqs/music/hip-hop/dictionary。如果孩子想写匪帮说唱的话，这个网站对他非常有帮助。

下面的例子与教学有关，蓝彼得㉓的风格，我早期编写的，叫做《介词/介语歌》。

A simple preposition: it tells you your position,
In relation to the time or to the ground;
It's a sho' nuff equation, which tells you your situation
To the objects below or those around.
Oh, but on the other hand, a proposition's not so grand;
It's not in, above, below, or roundabout.
Well, it sure ain't nuclear fission.
Don't end your phrase with a preposition,
Unless, of course, you're asking someone out!
一个简单的介词：说出你在哪儿，
时间和地点；
同样也可以，说出你的位置
在上，在下，在左右。
但是，另外一个提议不困难；
不在里，不在上下和四周。
绝对不比核裂变难。
勿用介词来结句，
除非叫人滚出去！

关键是他能创造出有节奏的可以表演出来的东西，可以让他记忆深刻的东西，并且可以让他高兴的东西。就是要有一种"耳朵虫"㉚效应。所谓的耳朵虫指的是回荡在脑海中挥之不去的音乐。它存留在你的记忆之中，长达几个星期，打动你的灵魂，是你真正喜欢的一类音乐。实际上英国的教育中没有注意到，可以通过音乐记住不感兴趣的词。如何将信息植入学生的脑中，需要老师发挥作用。你有没有想过为什么不记得5分钟前把钥匙放在哪里，但是却能记住葛洛莉亚·盖诺《我会活下去》的每句歌词？因为它像耳朵虫一样时常萦绕在耳畔。为什么每间教室、每堂课上都不播放《离开我》㉛？这确实是另一条有待开发的学习之路。

歌曲有助于学习……记忆
以学习为目的的歌曲创作不受任何限制，但是，你也不一定要会乐器演奏。

在《点石成金》节目中，我首先做的就是根据加德纳的观点评估孩子们的多元智能。结果表明尽管这些孩子在语言和数学方面表现得差强人意，但是他们中的大多数事实上具有相当高的身体智能和音乐智能。他们不一定会唱歌，但却喜欢唱歌，似乎喜欢通过音乐来接受信息。

我是英语老师，只能教英语。多数孩子觉得基础语法很难，于是我就写了3首歌：一首关于形容词，一首关于介词，还有一首关于逗号。

没有前置形容词的名词都可叫做《没穿衣服的名词》。穿上了形容词的外衣，名词才会更好看。《没穿衣服的名词》的歌是

这样的:

Verse 1

Now the poor old noun was naked:
He didn't have any clothes.
And he got a cold in his big fat bottom,
And he got a cold in his nose.
The poor old noun was lonely
With no adjective for a friend,
And he considered noun suicide—
Which is a terrible way for a noun to meet its end.
一个名词真可怜:
光着身子,没衣穿。
冻坏了他的大屁股,
还有他的大鼻子。
可怜的名词孤零零,
没有形容词做朋友。
他想自己把死路寻——
这么死法可太难受。

Chorus

A noun feels dull and boring, and a lonely twit,
Unless you put an adjective in front of it.
And if you think one adjective isn't enough for you,
Don't just use one adjective, you can use two!
一个名词不开心,

被人嘲笑落了单,
那就跟上形容词。
要是一个还不够,
用上两个也可以。

Verse 2

So don't spare on the describers.
Never leave a naked noun.
Get his mates the adjectives.
To take him up the town.
And if your noun is lonely,
And his life's a living hell,
Dress him up in gorgeous words,
And a pair of pants as well.

不要吝啬修饰词。
切忌名词光溜溜。
给他穿上形容词。
带他出来遛大街。
要是名词孤单单,
他的生活活受罪,
给他华丽的词藻,
勿忘给他穿条裤。

同样,和其他歌一样,这首歌效果不错。《介词歌》一直在重复那句"What you doing over there?"每重复一次,孩子们就会用他们已掌握的其他介词来代替"over":如"around", "up"，"inside"，"beneath" 等等。

另一个关于英语语法的，就是《连词前面要逗号》。逗号要用对，连词前面是少不了的。连词也就是我们常常说的连接词：连接两个句子，没有连词就是孤立的两个句子。比如，"Mr Beadle was a teacher"（比德尔先生是老师）是一个句子。而另一句，"He looked stupid playing the guitar"（他弹吉他的样子很傻）。要把两个句子合并成一个更长的句子时，你就需要一个连词了。在这两个句子中间用 so 或 consequently，就可将两句并成一句，这样这个句子就成了："Mr Beadle was a teacher, so he looked stupid playing the guitar"（比德尔先生是老师，所以他弹吉他的样子很傻）。这里的知识点是在连词的前面要有一个逗号。记住连词前面要有逗号这个原则，可以避免让孩子们成了别人眼中的功能性文盲[②]——这么说不好听。这个语法规则能够让孩子的文字锦上添花。一旦到了 5 级——14 岁以前必须要达到的水平（见第 10 章）——你的未来一片光明，每天都在进步。

但是也不是总有效果。比如"and"一词，就是一个狡猾的"乞丐"。它是个连词，但是一般不在他前面用逗号。"because"也有同样的问题。严格上说，不能在它前面用逗号，但是因为我们在这里说的是孩子们需要运用的原则，我一般坚持照用。至于连词前面的逗号是否需要斟酌的问题，还是留给更有经验的作家来考虑吧。

效果最佳的是用罗尔夫·哈里斯的口音来演绎的歌曲，伴着模仿或者弹奏的澳洲竹板③的声音。

Verse 1

I am a lonely comma.

I don't know where to go.

People end up putting me, all over the show.

But I've other uses,

If you get the gist.

I ain't just for separating items in a list.

我是一个孤独的逗号。

我不知路在何方。

人们将我随手丢弃。

而我自有用处。

若你能得要领,

我会分隔并列项,

等等等等。

Chorus

Commas before connectives:

It is the golden rule.

If you don't put a comma before because,

then you're a blinking fool.

Commas before connectives,

Can really do your nut,

So slap a comma on before, then and,

So…and always before, but.

连词前面要逗号:
这是金科和玉律。
如果不加个逗号,
你就是个大傻瓜。
连词前面要逗号,
你若真的很生气,
给他来个耳刮子,
当着 before, then, and, so 的面儿,
还有 but 不能少。

Verse 2
But I've other uses, which ain't beyond your reach:
I'm often found, hanging around,
Before you open direct speech.
And my other usage, which is like a work of art,
Is when you put a comma after an adverbial start.
但是我还有他用,你也不是不知道:
在你开口说话前,常常见我不离去。
我还有一个妙用,就像一件艺术品,
状语前置,我跟随,你要细细品一品。

把这几首歌的歌词给孩子——《没穿衣服的名词》、《介词歌》、《连词前面要逗号》,甚至是那首介词的说唱——然后让他们看看能不能从他们已知的歌曲中找出适合的旋律。《小小星星亮晶晶》,《小小蜘蛛》,甚至《马卡丽娜》都可以尝试一下。

很多人觉得英语语法不适合写到歌里去，代数、科学公式、结构板块以及普遍存在的弓形湖也不适合，但是实际上，课程中所有的科目都可以加上音乐。如果可以吟唱得出来，那么一定能牢牢记住。

如果孩子在考试前需要特别记一些信息，比如数学公式或者英语中的诗歌技巧，那么他可以写一首歌，如果你正有心情唱唱歌，你也可以写一首歌，用你最熟悉的曲调，你们也可以一起唱。等到了考试的时候，进了考场，他只要记得那旋律，就能想起那些重要的信息，因为歌词伴随着音乐，有了歌词，考试就无往而不利了。

舞蹈

在我的教学生涯中，我见过的最好的老师是一位叫做凯琳·布冯的女士。她是法国人，教法语，才华横溢。现代语言教学在教学法方面远远超过除了戏剧以外的其他学科。现代语言学教师大量地使用音乐手段。很多老师上课前都会以应答方式轮唱你们儿时学过的《ABCD 歌》。

凯琳则主要使用舞蹈的手段。比如在教祈使句时，她让学生跟着各种相当简单的指令做动作，如：起立、往左、往右。凯琳没有给学生布置大量的练习,让他们在一片哈欠声中填空;而是播放了法国瑞格舞曲。她让全班站起来,一边听着音乐,一边听口令做连续的舞蹈动作。"起立!"所有的孩子都站起来了;"向左转!"他们就马上向左转;"向右转!"他们就向右转了。

下课后,他们不会像做填空练习的学生那样马上就忘了要点。相反,他们去吃午餐的途中也在哼唱着课上的内容。所有的学生都永远不会忘记法语中"左"、"右"、"起立"是怎么说的。

只有勇敢的老师和勇敢的家长才敢做这样的练习。我不是跳舞的料,在舞会上,我通常看着别人在舞池里跳舞,心里却希望自己也有胆量豁出去上场跳跳。由于我拙劣的舞姿,我只好放弃了效仿凯琳的想法。但是我知道这个方法非常棒,并且有效。

音乐与诗歌

在英语课上,莱瑟姆先生都会让我们听出诗中的音乐。我不明就里,心想他一定是疯了。诗里怎么会有音乐呢?明明是文字嘛。印出来的文字和收音机里播放的斯汀的音乐怎么会一样?

但是诗歌里真的是有音乐的。本质上说,是一种声音,由不同字母组合而成的声音,每个字母都有声音特性。就说"b"吧,比较闷的声音,甚至是一种压抑的声音;"s"的音就很有美感,它迷人、活泼,还有点狡黠的味道。诗人很清楚这一点。他们不是随意地堆砌文字。他们知道怎么把词组合起来,才会表现出美丽、丑陋、柔和、震撼、愤怒、悲伤等情感。

要认识诗歌的音乐性，首先要知道每个字母的声音特性。和孩子一起仔细读一遍字母表。你要亲口读出字母，然后至少找出3个词来形容每一个字母的音。字母"a"听起来也许会是"痛苦的"、"渴望的"、"会意的"；"d"听起来会是"咄咄逼人的"、"好斗的"、"粗暴的"。因人而异，没有标准答案。孩子能够感知这些字母的声音特性才是最重要的。

为了要加强这一认识，可将不同的音效特质制成表格，然后可以结合视觉法，画出字母以反映它们的特性。可以画成彩色的，然后让孩子从他所列表格中选词加注，以体现字母的音效特性。

双声

最好理解的方法就是双声：辅音重复可创造出音乐效果。例如："the wayward wombat whacked the wallaby"。有必要让孩子们知道这种韵法也可在词中和词尾出现，比如："the crackling cracked crow croaked"。

让孩子将字母表中的元音字母和辅音字母分开。对每个辅音，都要举出5个以这个辅音开头的单词。然后，让他们用这些单词造一个句子。例如："Billy Beaver beats his bum to the Beatles, Danny the donkey dated Dora's daughter."和"Five fish fly flapping over Fulham Broadway."

谐音

谐音和双声一样简单，但是对孩子来说也有难度。我不明白既然都是元音押韵，为何还要有谐音呢？也许因为这些重复的元音多半在单词的中间出现，不易被察觉。

最典型的谐音创造乐感，并能体现诗歌主题的一首诗是约翰·济慈的《秋颂》。诗的开头是这样的。

> Season of mists and mellow fruitfulness,
> Close bosom-friend of the maturing sun;
> Conspiring with him how to load and bless,
> With fruit the vines that round the thatch-eaves run...
> 雾气洋溢、果实圆熟的秋，
> 你和成熟的太阳成为友伴；
> 你们密谋用累累的珠球，
> 缀满茅屋檐下的葡萄藤蔓；
> ——王佐良译
> ……

诗中有多个"o"和"u"（按照发音来说是［oh］和［oo］）。我们来想想秋天。多数人会想到硕果累累的景象，或者深色的落叶。这些［oh］和［oo］的音表现出饱满和成熟，在你的脑海中产生秋的感觉，与你对秋的认识非常吻合。

要教孩子谐音，可以用前面练习双声的方法：找几个元音字母相同的词,编一个诗一般的句子,例如:"Five knives spinning within winter"(五把刀在冬日里旋转),或者"Rodney Ontong boings along wantonly"(罗德尼·翁通一路快乐地弹弹簧)。亲子拼力

拟声

指模拟动作声音的词,如:"boom"(轰炸声),"kerching"(收银机的声音),滴答(时钟的声音)。这些词在诗歌中有特殊的效果。

拿一支笔或一根汤匙或者随便什么东西,敲打暖气片能发出悦耳的声音就行。让孩子用单词说出你敲出来的声音,如果他犹豫着每次都说"嗯,bang?"就得纠正他。汤匙敲打在玻璃杯上发出"ting"的声音,前面提到的笔敲在暖气片上的声音可以是"rattle"或者"prang"。

介绍完概念后,掌握知识的最好方法就是画画了。让孩子画一幅画来表示某个词,描绘这个动作或者类似的动作。比如他想画"zoom"(汽车排气的嗡嗡声),或者在铁砧上被砸扁的"splat"声,可以按照他的想法画得具体些,色彩丰富些。不要那种10秒钟就能搞定的简笔画。让他多花一点时间和精力,

精心制作画面,这样才能够让他牢牢记住图画所要传达的概念。

保罗画的画是我见过最富有想象力的。小家伙有行为障碍,带着厚厚的眼镜。我记得保罗画的拟声词是这样的:一个光着身子的、毛茸茸的男人,站在一个水桶的上方,腿也是毛茸茸的。注入桶中的黄色液体拼做 P-I-S-S。他还画了一个没有脚的人,屁股的位置做了改变,落到桶里的东西写了一个"P-L-O-P"(扑通声)。尽管非常有想象力,也是他画得最好的画,但我还是决定不把这两张"佳作"贴到教室的墙上为好。

叠句

很多诗歌的主题在诗中反复出现,就像流行歌曲中的叠句,让你牢牢记住歌词。所以要让孩子对它们有足够的认识。

16 岁的孩子大都要参加 GCSE(英国普通中等教育)考试,其中《AQA㉝诗选》中的外国诗选里有很多叠句的例子。这些诗主要反映压迫和奴隶制度。也许重复的主题就是要再现奴隶们歌唱激发斗志的歌曲。要不就是诗人词穷了,不想再费事想出新的诗词了。

格律

与音乐一样,所有的诗歌都是有节奏的。节奏就是词语中蕴藏有规律的跳动。把它想象成是汽车城音乐中小军鼓的声音。问题是,诗歌中的节奏有多快?诗歌中基本节奏单位就是韵律或者格律。格律由诗人所选的词的音感以及诗歌的主题来决定。格律本身也有象征意义,而且从某种程度上反映诗歌的意义。

有一个相当简单的方法可以找出诗歌中正确的格律。以不同的节奏大声地朗读。你和孩子可以为对方慢慢地打拍子。(慢慢地拍手,不是鼓掌夸他读得好。)先试试以中等速度读,最后再快速读。听起来最自然的节奏就是这首诗的格律了。

找出格律并不难;要解释为什么是这个格律就不简单了。苏亚塔·巴特的诗歌《祝福》,四年前列入了 GCSE 的大纲中(也许等你读到这首诗的时候它已经不在大纲范围内了)。这首诗一开始描述了干旱时节,接下来从中段到结尾说市政人工降水。同时诗歌中的格律从慢慢的滴答声转向疯狂的快节奏。为什么?因为最初的格律表现了水龙头滴滴答答以及时间的缓慢。而当水从管内迸射出来,诗的节奏也加快了,反映出诗中人们的狂喜心情。

格蕾丝·尼克尔斯在《岛上的人》中也用到了同样的技巧,不过先快后慢。(这首诗也在同一本诗集中)它描绘了一个加勒比海人回到了家乡,他热爱家乡的色彩、海水和沙地,此时韵律十分欢快。后来他醒来发现这一切不过是一场梦:他实际上

6. 音乐型

在伦敦。醒来之后，渐渐想到他很快就要去北环，换到无聊的岗位上，今天也不能去游泳了。所以这里诗中的节奏就慢下来了，有种令人倦怠的、单调的感觉。

节奏
简单地说一下音乐的节拍。我们所听的大多数音乐都是 4/4 拍，即 4 分音符为一拍，每小节 4 拍，很接近我们心跳的节奏，所以所有的现代舞曲都采用这种节拍。播放你所有的唱片并跟着打拍子，你会发现从头到尾都是 1-2-3-4、1-2-3-4 的节奏。

不过还有别的节奏。华尔兹和军乐是 3/4 拍的节奏。诗人会在诗中运用不同的节拍。这就是他们说的诗歌的节奏。节奏和韵律不同：韵律本身就是节拍，而节奏则是文字表现出来的动感。

找出了每首诗特有的节奏，还不够。你必须说出诗人为什么要费尽心机地创造某一节奏，再找出词来表现这个节奏，节奏是如何反映和突出诗歌的意义的。

我最近才发现标点符号的出现略早于莎士比亚时代，让演员可以正确地朗读对白。它原本是舞台指导：每个逗号停顿 1 秒，分号停两秒，冒号停 3 秒，句号、感叹号、问号都停 4 秒，3 个合起来统称为句点（period）。

把标点当作时间间隔来看，我们才能够使用节奏来写作。首先，你可以大声地给孩子读下面的《麦克白》的选段：不要有停顿，不带任何感情色彩。一定要一个字紧接一个字，尽可能读快。

Thou marshallst me the way that I was going
and such an instrument I was to use
mine eyes are made the fools o the other senses
or else worth all the rest I see thee still
and on thy blade and dudgeon gouts of blood
which was not so before theres no such thing
it is the bloody business which informs
thus to mine eyes.

没有标点，这选段就令人费解，全文变得非常乏味，毫无特色，无法理解。然后再试试有标点的。每遇到逗号，就打1个响指，或者拍1下，遇到分号就拍两下，冒号拍3下，句号拍4下。

Thou marshall'st me the way that I was going;
And such an instrument I was to use.
Mine eyes are made the fools o' the other senses,

6. 音乐型

Or else worth all the rest; I see thee still,
And on thy blade and dudgeon gouts of blood,
Which was not so before. There's no such thing:
It is the bloody business which informs
Thus to mine eyes.

你引导我走上我已经进行的路；
我要用的原是这样一把家伙。
我的两眼已经成了其他感官的讪笑之资，
或是也许能抵得过其他所有的感官的价值；
我还是看见你，
在你的刀柄上滴着血，
方绕却不如此。根本没有这样的东西，
只是那件流血的事
在我眼前幻化成了这样的景象。
——选自《麦克白》第2幕第1场，何一梵译

所有的文章都如此。如果能生动地读出标点，文章就有意义、有感情，就鲜活了起来。加上节奏性的停顿，使文章更有动感、有乐感，听起来更加悦耳舒适。此外，你和孩子一起读，要是打错了拍子，一定也非常有趣吧。更重要的是，可以把节奏添加到文章中去。配合了身体的动作，孩子就会记得更牢。

有必要让孩子知道：如果他大声朗读，他不仅要读单词还要读出标点：一个逗号停1秒，句号、感叹号、问号则停4秒。这么读就非常有故事性，也读出了意义。你可以试着这么来读孩子的书。

韵律

我总是觉得很奇怪为什么有的孩子掌握不了韵律。我从不觉得这有什么难的,但是我发现有些能力很强的孩子也弄不明白最简单的韵律。

元音和词尾的辅音相同,但是词头不同——如 There was a young woman from Ealing/Who had a peculiar feeling(一个年轻女人来自伊灵/她的脾气古怪精灵。)——这里就有韵律。

如果孩子要写诗,她就需要有一个韵律。有个非常简单的办法来学习韵律。我们来举个例子,寻找"but"一词的韵。词尾是"ut",所以你只要从字母表中找出任意可以代替 B 的字母组成单词,如:"cut","gut","hut","jut","mutt","nut","out"(这个词比较有趣。它看似符合,但是韵不对。因为我们说的是元音而不是元音字母。)"put"(同样也不可以),"putt","rut","slut","shut","smut","tut"。

用这个办法能找出五行打油诗的韵式。如:

Jayne Mansfield they once called a slut,
For the way that her bosom would jut,
From out of her jumper.
And bumper to bumper,
Boy, the old ladies would... tut.
杰恩·曼斯菲尔德人称荡妇,

因为她的胸部又大又突,
小小上衣藏不住。
一颤一颤惹人妒,
老太太见了直想吐。

诗有韵,歌也有韵,正是这韵脚让你印象深刻。它们朗朗上口,最终成为你记忆中挥之不去的东西。编一些押韵的东西本身就是非常愉快而有趣的事情,更何况它还有助于学习。

音乐能影响听者的情绪。它能唤起回忆。上了一定年纪的人一听到 Shalamar 的《那夜》就想起年少时的派对舞曲、马提尼酒和荷叶边超短裙。葛洛丽娅·艾丝特凡是否会让你想起在曼谷度过的狂野的周末?也许多丽·帕顿的歌会让你一再想起第一次失恋的经历。无论是什么歌,音乐与回忆之间能产生共鸣。音乐是生动的,让你联想到我们记忆中的影像。影像是记忆最重要的储存模式,也就是说,能够唤起影像的音乐是帮助孩子记忆的最佳手段。你也可以用音乐来提高孩子的学习乐趣,提高他们的学习效率。音乐是最合法、最有效的兴奋剂;如果我们想要最大限度上开发孩子的潜力,那么我们就应该比现在更重视音乐在教育中的作用。

7. 数学型
——形状和排列

如果孩子在逻辑推理方面表现突出；如果他不会因为任务的大小而推托，并能够把它分割成各个容易操作的环节，那么他一定具有逻辑/数学智能。他是个井井有条的人，对数字很敏感，能透过事实看本质。

"妈妈，辅导一下我的数学作业好吗？"

这是父母最不喜欢孩子问的 10 大问题之一，介于"流产到底要多少钱？""海洛因真的对人体有害吗？"这两个问题之间。如果你和我一样，做复杂的除法做到两眼发直、口吐白沫，你看到这个章节应该很害怕吧。不要担心，逻辑/数学包括的不仅仅是数学难题，还有推理能力。虽然我运算能力不好，但是我要在这个章节介绍怎么帮助孩子做数学题以外的内容。

数学运用

数学是一门独立的学科，可以独立于其他科目（音乐除外），因为它有着完全不同的语言系统。数字语言和文字语言几乎没有交集。政府曾经强迫各个科目的所有老师每堂课上都要做与算术有关的活动,各部门多次召开会议,集思广益想攻克这个难题,但是省略号的使用与数学有什么关系呢?

通过将数学渗透到各个学科,让孩子提高数学能力,这种尝试本意是好的,但是却犯了方向性的错误。英语老师不应该浪费课堂时间让学生们去数《战争与和平》的字数,而应该让他们读这本书;体育老师要求学生跳远时身体必须达到 35 度角,是不是太苛刻了?就算老师们有时间,他们有没可能在每节课上都安排数学的内容?实际上,这会让老师们无法专心于他们真正的工作,完全是无用功,而且根本不能让孩子的学习更上一层楼。

由于数学语言的单一性,所以有的孩子非常熟悉这种语言,但是却对其他科目就不甚了了。有一个叫保罗的学生,他能解出最复杂的代数题,但是却连自己的名字都不会写。作为老师,我遇到的最奇怪的个案就是比琳达。比琳达是数学教研室主任最喜爱的学生,甚至要为她单独出题考试。数学主任说,比琳达是她 30 年来见过的天赋最高的学生。我是她的英语老师,我发现她把数学天赋以一种很奇怪的方式,运用到了英语学习中。她遣词造句很一般,对所学的课文理解平平,但是她的标点符号运用却犹如鬼斧神工,似乎她把句子结构当作数学题目来分析。标点繁而缜密,无懈可击,连牛津大学的导师都会目瞪口呆,佩服得五体投地。

有高度逻辑/数学智能的孩子可以将她们的才智运用到别的领域。记住，数学的内容不仅只是运算，还包括逻辑、排序、形状和结构。

心理几何学
心理几何学完美地诠释了数学概念是如何运用到别的领域的。数学与心理学交叉，听起来牛头不对马嘴，但是我尝试过心理几何学，它不仅带给我有趣的观点，而且准确性颇高，说明这并非是无稽之谈。准确率大约达到84%。

心理几何学是由美国的苏珊·戴玲洁博士发明的。她好像每天早晨都把头发梳得一丝不乱。心理几何学实际上是一个系统，它根据人们对形状的喜好，把性格分成五大类。孩子们从中可以学到的是培养对自我的认识：分析自己的性格类别，以反思他们在某种情况下的反应。任何有助于孩子自我认识提升的东西都有助于孩子的成长，有助于他们学习成绩提高。

用铅笔画一个正方形、三角形、圆形、长方形和一些乱七八糟的曲线，让孩子仔细研究这些形状，然后选出他最喜欢的一个。完成后，公布相应的性格评估结果，看着他无奈地点头同意，你会惊讶于这84%的精准度。

如果他选择正方形，那么他是个有趣的人。喜欢正方形的人都很注意细节，他们规规矩矩，写 i 都不会漏了点，写 t 都不会忘了那一横，凡事都注重过程。他们在意方式，非常守时，不能原谅不守时的人。如果你的配偶选的是正方形，你们相安无事，但是你可能会厌倦表达爱意和情感始终都要遵守时刻表。

如果他选择了三角形，那么他是个思想超前的、不受束缚的、勇往直前的天生的领导者。喜欢三角形的人喜欢成功、结果；一般能得到他们想要的东西，通常自己开公司或者当上公司总裁。他们对别人的感情非常粗线条。不是因为他们没有同理心，而是因为他们马上就要结果。如果你的配偶选的是三角形，你们的关系会是热烈的、激情似火的，但是有时候你要准备好做些让步。

如果他选择了圆形，他最感兴趣的东西就是人际关系了。喜欢圆形的人想与人为善，常常能够通情达理、息事宁人。他们善于解决争端，家庭观念强，善于倾听，关注生态问题。如果你的配偶选的是圆形，你能得到很多的温情，但是前提是你要先付出。

如果他选择了长方形，说明他正处在转型期。不是说他不符合其他形状的性格特点；也许他身上表现出来的某个形状的特质不是他真实的性格特质。他暂时处在一个重要的转折期，一个重要的准备阶段，同时也有点迷茫。

如果他选择了曲线，那么他就是难以捉摸的人，行为怪诞，极富创造力,精力充沛。

喜欢曲线的人可能是无政府主义者、享乐主义者,所以他们的人生往往是起起落落,吉凶各半。他们可以一心多用,常常可以同时开始做 15 件不同的事情,有的能完成,也有的完不成。喜欢曲线的人多从事创意行业。如果你的配偶选的是曲线,你的生活会像是坐过山车那样刺激。亲子练习

菱形排序
运用几何图形作为学习工具的另一个方法就是菱形排序。在学校里,我会在下课前把它作为巩固练习,让孩子们学会分清主次,想想自己学习状况,效果很不错。在家里也做得到。它是一种视觉手段,非常有趣,有身体动作还有实际的动手操作,可以说涉及了 3 种主要学习方式中的两种,可以运用在各个方面。孩子可以区分作业的缓急,复习的时候找出学习上的缺漏,然后在补缺补漏的过程中突飞猛进。

拿一张 A4 纸,先竖折,再横折。展开后就有了"十"字折痕。用尺子将"十"字的四个端点连接,这样就可以画出完美的菱形。把菱形外围的三角形剪去。

在每一条外边的 1/3 处和 2/3 处做个记号,用铅笔和尺子将这

些点与其对边对应点连接，现在你应该已把一个大的菱形分成了9个小的菱形。然后让孩子将本周他在学校里学到的9个最重要的东西，分别写在每个菱形上。你也可以要求他写某一个特定的科目，以备将来复习所用。

把这些小的菱形剪下来，然后让孩子重新组合还原成最初的大菱形，把他学到的最重要的东西排在最顶端，次重要的排在第二，以此类推。那么最后一排的就是最不重要的了。

或者，他可以把复原好的菱形贴在卡片上，作为备忘录。亲子游

分类

分类是重要的生活技巧之一，是正规的教育中必不可少的内容。如果不会分类，效率就不高。试想想你每周要买的日杂用品吧。采购回到家后，袋子里塞满了乱七八糟的东西，真让人头疼：牙膏和火腿肠放在一起，肥皂和蛋装在一只袋子里。要上楼好几次，把东西放到浴室。有效率的人知道分类，把一类的东西放在一起，这样就不用跑上跑下的。

一般说来，分类就是归置东西。在低年级的时候就学过的，记得吧，就是逻辑/数学技巧。不要小看了这个技巧，如果认为这是小儿科，那么你就大错特错了。因为写作中最难的就是把原始的头脑风暴的结果组织成有中心思想的段落，这也是一种分类练习，只不过比分物品更加复杂一些而已。

让孩子选择两个老师,用头脑风暴的办法写出对他们的看法,怎么想就怎么写。可以写他很幽默或者很刻薄,随他写。写了几页之后,他就要进行分类了:外表(身体特征)、穿着、声音、教学风格、纪律、幽默(也可以增加其他类别)。对每个老师,在每个类别下至少要有一个评论。

根据主题对所有的信息进行分类之后,他就知道该怎么写一篇连贯的比较文了。这种能力是将来完成 GCSE 考试中比较和对照题目所必需的。 (有关如何写文章,详见第 8、11 章。)亲子powered

排序

通常,老师就像蓝彼得,要能忍受得了吱吱喳喳的叫声,生活的环境纯粹、美好;但是每天要接触大量的胶水、双面胶。虽然有一点不利于排序活动,但是非常愉快:你要剪大量的纸张,剪得到处都是碎纸片,把它们都装进信封,交给孩子,脸上带着神秘的微笑。

排序活动适用于任何科目,任何年龄段,但是对小学快毕业或

7. 数学型

刚升初中的孩子（重要的第 2、3 阶段详见第 10 章）特别有益，因为他们开始学习怎么编故事了。

从孩子的书中选一个故事，至少要有几页长，剪下来。最好是复印下来，不然，看着你剪掉他的课本，会让他受不了的。也许日后等你老糊涂了，还剪他的书，他就永远不会原谅你了。把每一段剪下来，装进信封，封好。

孩子把信封倒空后，面前有好多片纸张。他要做的就是把他们按照正确的顺序摆好。下面是个粗略的版本：

- They decided that they would live together and accordingly built a cosy and charming home.
- The roof fell in and they died.
- Once upon a time there were two Welsh mice called Terrence and Garreth.
- 他们决定生活在一起，于是盖了一个温馨漂亮的家。
- 天花板塌了，砸死了他们。
- 从前有两只威尔士老鼠名叫特伦斯和格里斯。

当然，按照这个顺序，这个故事莫名其妙。但是正确地排序之后，这个复杂的悲情故事也有清楚的开头、中间部分和结束部分。

在重组故事的时候,我希望孩子不要借助老师的帮助,应该要靠自己对记叙文的知识来完成。比如说,孩子怎么知道介绍两只老鼠名字的那句话就是故事的第一句话呢?前4个单词分别是什么? 亲子揣力

我要特别强调信封在教育活动中的重要意义。给孩子一张白纸让他们完成任务,他可能会耷拉着脑袋,无精打采。因为他看到的是一大片白纸,他得要绞尽脑汁,写满这张纸。而同样的任务,用信封装上,你给他的就是一份礼物,一次探险任务。他对信封的反应就好像一个5岁的孩子得到装有小小塑料玩具的巧克力蛋那样:又有兴趣又激动。当然,5岁的孩子明白那些蛋都是垃圾,而那小玩具呢,因为怕小婴儿误食,10分钟以内就会被没收。但是关键不在这里,而是什么能给孩子一股冲劲?信封的道理一样:任何一个有理智的人都想得出来里面不过是乏味的家庭作业,但是有可能带领他们进入愉悦的新奇世界;他们总是会满怀期待地打开信封,精神抖擞地开始信封里的任务。

如果学生做的练习是比《特伦斯与格里斯的悲情故事》更难一点点的课文的话,他们也会清楚地知道第一段和最后一段在哪里,当然希望你不要每次都用同一个词来预示开头和结尾。还有一点让人愉快,就是为了要把各个段落按照正确的顺序摆好,你要他们先读出来。他们也许不愿意读,你可以略施小计。比如,让他们读几页《亨利四世》,他们可能会心不在焉

地盯着纸一言不发。但是通过排序活动，他们读了课文，理解了，并且能排出适当的顺序来了。

还有另一种排序活动。打印出一系列问题和答案，把它们剪下打乱，让孩子整理。好处就是你可以用两个信封：一个装问题，一个装答案。双份的刺激，双倍的乐趣。这是一个很好的认知活动，比重组课文花的时间更长些。

十四行诗

想不到写十四行诗也是逻辑/数学活动之一吧。但是十四行诗这种诗体有一种近乎数学公式一样的形式，它们的复杂性和难度不亚于孩子们做的数独游戏。我曾经见过内城区的一个班的男生都在兴奋地数音节，这可以说明学写十四行诗对孩子来说是一种特别有吸引力的学习方法。

十四行诗有十四句话，分成四个部分：3段四行诗（四行），最后一个对句（两行）。格律要求哪一句和哪一句押韵。莎士比亚的十四行诗有以下几种韵式：abab, cdcd, efef, gg。两行"a"的最后一个单词要押韵，两行"b"的最后一个单词也要押韵，以此类推。比如 A-Ate，B-Meat，A-Gate，B-Beat；C-Clear，D-Jam，C-Fear，D-Spam；E-Mind，F-White，E-Find，F-Bright；G-Jack，G-Back。

由于每行都要有 10 个音节，所以它既有语言难度又有数学难度。要写十四行诗，就要认真地去数有几个音节。

让孩子从口袋里掏出一个东西。让他就此写一首十四行诗来描述该物品，每一行的主题如下：

第 1、2、3 行——什么样的？

第 4、5、6 行——手感如何？

第 7 行——多重？

第 8、9 行——会发出什么声音？

第 10、11 行——味道和气味怎样？

第 12 行——哪 3 个东西可以排除？

第 13、14 行——它想要什么？

十四行诗必须要按照规定的韵式，每行必须 10 个音节，如我写的我口袋里的恶心的擦鼻涕的纸巾：

7. 数学型

A—Crumpled, festooned with angular creases,
B—Its whiteness opaque, so dirty near grey.
A—Skin, a translucence which age decreases,
B—Brittle as a stem on a rain-strewn day,
C—Which the weather has left stranded, left soaked,
D—Damp, like a tea towel hanging on a line.
C—It's light as the hole through which the sun poked,
D—Defeated, all the time crying, "I'm fine."
E—Speaking aloud it will talk as it spits,
F—Out the taste of the substance it must hold,
E—And the smell others, outside, perceive in it.
F—It's not lovely, new, nor yet really old.
G—It dreams of better life, sleep and good food,
G—A pressed handkerchief, refreshed and renewed.

皱巴巴，修饰了花边的，带角的折痕，
雪白的颜色被污渍染得近乎灰色，
时间长了皮肤几乎透明，
像大雨中的叶柄容易破碎，
湿漉漉，留还是不留，
湿哒哒，像晾挂的茶盘抹布。
阳光从洞中穿过，
失败了，悲鸣着，"我没事"。
吐着口水大声地说，
失去了原有的品味，
臭味传到外面，
不美，不新，也不旧，

渴望美好的生活，睡一觉，美食一顿，
熨好的手绢，重现生机。

要是我是诗人的话，我就会住在更小的公寓里，穿着土里土气的马甲了。奇怪的是，教我写诗的人后来对我说，如果我把非人称代词"it"改为"he"或者"she"会更适合，因为他觉得这首诗实际上写的是我自己。太伤自尊了！

这个练习难度确实相当大，但是如果你有一个聪明的小孩，你想让他尝试能提升他能力的东西，让他去写十四行诗吧，这会让他长时间专注于有意义的事。同样适用于任何一门学科，极其适合自主学习。

时间轴

有几个方法可以让你在任何学习中引入数字。比如，用战争的日期来做运算，可以很容易就记住了日期，有助于记忆。比方说，把二战开始和结束年份的后两位数相加 $39+45=84$，《1984》是乔治·奥威尔的一本小说的名字。

另一有趣的方法就是时间轴，这是一个数学工具，可以把所学的标题在视觉上表达出来。我在学校里用过这个方法，选择与我读的哪本书有关的重要的日子：作者生日、忌日、出版日、作者生平的主要历史事件，把它们贴在学校的走廊上，按照间隔年份的距离依次排开。如果作者生于 1854 年，卒于 1894 年，享年 40 岁，那么两个年份之间应该间隔 40 米。作者生平的其他重要的日子也如法炮制。

在家里,你可以从书上选出几个日期。可以像上面的例子那样,有关作者的日期或者是一系列的事件,如 20 世纪的战争。计算第一个日期与最后一个日期的差(以 20 世纪为例,比较简单:100 年)。测量年份的差与你纸张的尺寸要相当,画一条线代表这么多的时间差。20 世纪,你可以画一条 50 厘米的线,每 2.5 厘米表示 5 年。把重要的日期画到时间线上,画出与事件有关的图,并分别注明。亲子练习

我希望你们现在明白了数学智能不只反映在做运算难题中,更多地是在逻辑思维过程的运用,课程表中几乎所有的课程都能用到。这种智能可以用在孩子的优先排序、更有效地把握事件,做出合乎逻辑的决定。有数学智能的不一定擅长数学。应该要培养孩子利用逻辑方法解决问题的能力,鼓励他们关注事情的各个方面。这些技巧不论是从身体上还是精神上都会让他们终生受益,毕竟,学校生活与实际生活还是有区别的。

8. 文字型
—— 如何写好文章

你的孩子也许有能力充分地利用语言进行争执、讨论、告知、描述甚至娱乐。她口齿清晰，能迅速识别双关语和反语，能敏锐地捕捉文字间的细微差别、语序和韵律。她好问问题，拥有大量的词汇，并且喜欢表现出来。她喜欢阅读，将来也会喜欢写作，特别是创意写作。她也许能快速地学会其他的语言。

孩子的读写能力最能反映他们的语言智能：读得是否流利、写得是否通顺。而更高一级的语言能力，即与书本进行思想交流的能力，几乎体现在每一个课程中。比如：作者为什么这么想，他如何用文字来表达他的想法。学校教育主要以读写为基础，她必须要在读写上达到一定的流利程度。如果孩子文章写得流畅，那么她考试成绩极有可能比口吃的孩子好。的确，孩子在 11 岁的时候必须要达到国家认可的读写水平，否则其他方面再好都是枉然。

我个人非常热爱语言。在英语课上，也许学生们有时会对种种活动感兴趣。他们积极地参与文字学习的活动。我记得几年前的一节课，那天我妻子和我第一次约会。半个班的学生都被西蒙·阿米蒂奇⑥的诗"It Ain't What You Do. It's What It Does To You"（做了什么不要紧，要紧的是为什么这么做）感动得痛哭流涕。我至死都不会忘记玩世不恭、凡事都无所谓的黛比眼睫毛上的泪珠，她哽咽地说："这……这真是太美了。"它不仅描绘了肤浅的好莱坞影片中自杀的公学男生，同时也描写了每天在才华横溢的学生面前显得相形见绌、抑郁的那些学生。他们是不负责任的媒体盲目报导的牺牲品。

那么，在家里，你该如何激励天生语言能力很强或者语言能力较弱的孩子学习呢？

首先，我也许应该要说说学校是如何教英语的。英语课分为说与听（EN1）；阅读（EN2），不仅要马上大声读出来，而且要能够理解，明确作者的态度与内在的意义；还有写作（EN3）。所以你该明白，成绩单上听说的成绩不等于阅读的，也不等于写作的成绩。

孩子一般要参加两门 GCSE 的英语考试，一门是文学，另一门是语言。最影响学校排名位次的是英语语言成绩，但这门课更无聊，也更简单。实际上，语言与文学的大纲的区别是很细微的。比如 GCSE 英语语言大纲要求学一部莎剧，一首散文，考试题目与诗歌有关。而英语文学大纲也要求学生学习一部莎剧和一篇散文，考题也是围绕着诗歌。他们之间有不同，但是这两份大纲虽然独立，但是却互相关联，而且在关键问题上模糊不清。

根据英语语言的大纲，学生不可能写出有创意的文章。虽然言之凿凿，但是忽视了一点。教学生如何写自己的故事，不仅是为了让他们对写作感兴趣，更是教会他们流利地掌握语言，以便应对职场上任何文体的写作。让老师和学生没完没了地做广告写作、议论文、说明文的写作实际上是回避问题，自欺欺人。这些文体没有知识性，看似为现实生活做准备，实际上却没什么用处。一切写作练习都是为了帮助孩子语言更加流畅。鼓励她坚持写日记，给奶奶写信或者给爱沙尼亚的笔友写信，只要她有兴趣，她将来能享受到文字交流带来的好处。

拼　写

拼写当然很重要。整洁的拼写是礼貌的表示，因为拼写正确了，看的人就更省心了。拼写很糟糕的话，人家就看不懂。我听我一个同事说起一件事，他在上课之余，改考卷赚点外快。一次，他看到一份卷子，考生写自己正在努力学习以期能得到"chuckyembrosward"。我的同事苦想了好几天才明白，原来是"Duke of Edinburgh's Award"（爱丁堡公爵奖）。改考卷真是吃力不讨好的工作。

父母与学生都非常重视正确的拼写，但是其实写错了也不怎么影响理解。"U cun spall avery wurd rong und tha reeder wil stull unnerstand wot u hav writen."（就算你把每个单词拼错，别人也看得懂你写了什么。）孩子用一种类似速写的拼写方法发手机短信，所以上面的拼写就不足为怪了。打开作业本，看到这样的拼写方法，真是会头皮发麻。但是，也有矫枉过正的情况。家长和小学高度重视正确的拼写，所以孩子变得有些神经质，过分害怕写错字往往会让孩子干脆不做作业。正确地使用标点符号也是一个知识难点，它在写作中的地位比拼写还更重要。

要是孩子不会正确地拼写，下面一些小建议也许能帮到他们。

一看、二说、三盖、四写、五查
这是孩子们在小学里用的主要方法，主要是用来记住难以拼写的单词。这个方法几秒钟就可以学会，分为 5 步：

1. 看词。
2. 大声读出来。
3. 把词遮住。
4. 自己写这个单词。
5. 对照正确的单词，检查是否写对了。

这个方法调动了三种主要学习模式，但是看起来似乎主要依赖视觉记忆，有点太随意了，我不喜欢。更可靠的方法是把词分解成各个音节来看。

分词
把词分成几个音节，这样只要记住更小的信息块了。你也许不记得怎么拼"insignificant"，但是把它分成"in"，"sig"，"nif"，"i"和"cant"，你就更容易记住了。

发音的窍门

现在说根据单词的拼写大声地读出来。比如"sovereignty"这个词很难拼，那么你可以故意读错，读成"so-very-I"，这样你就会记住正确的拼写中有个"i"。同样，每次读"government"时候，里面的"n"的音都必须读得非常的大声，还有读"parliament"里面的"i"的音也是如此。

记忆术

在第四章节，我提过记忆术这个词了。记忆术也同样可以帮助你记住单词的拼写。比如，你可以运用小的短语或者韵律。很多孩子拼"argument"一词的时候会在"u"和"m"之间加上"e"。记住这句话"是口香糖（gum）黏住了argument"，你就会记得正确的拼法了。要正确地拼"because"，你可以用首字母记忆法"Big Elephants Can't Always Use Small Exits"（大象永远过不了小出口）。在家里你可以编出许许多多的拼写记忆法。这还可以带给孩子学习的快乐。

写　作

我专门教孩子写作。讲解要领以及之后的写作练习可以让孩子有机会增强她的语言智能，这样她不仅掌握了熟练的技巧，而且更具想象力，这样文章就会写得更好。

其中一个方法就是教会她语言的核心，即词性。我读书的时候，从来不理解为什么我们要了解这么技术性的东西。但是后来我明白了,一旦孩子知道了词的功能,你就可以开始系统地教她写作的基本知识。"这里填一个形容词,副词在动词后面,就这么简单——这样你的分数就会更高了。"知道句子的结构可以帮助孩子分析自己写的东西,以便于与他们沟通,知道该如何修改。

全英读写战略的确提高了小学生的素养,孩子到了11岁小学毕业的时候几乎都知道语法,都熟练掌握了同音字、同音异形字、同义词。但是中学英语老师教介词的时候,却发现他们不是每次都做得对——这有点像请人去外面吃饭——时好时坏。其实基本规则一点都不难,但是英国产业联合会(CBI)每年都会在报告中严厉地指责毕业生严重缺乏语法能力。或许联合会的人带着偏见,言过其实,高估了自己上学时的语法水平;又或者这方面确实令人担忧。也许,在刻板地、毫无意义地学习如何说明杂志上的图片的时候,英语老师们忘了教学生语言到底该怎么用。我怀疑,可能每一个老师都想当然地认为前面的老师已经教过了。要么是这个原因,要么就是语法实在没有吸引力,老师只好避开它。

不管是什么原因,掌握好英语语法直接关系到孩子的写作好不好。下面请恕我要长篇累牍地讲这一点。孩子从学校里学不到这么多;也许你也答不出来"什么是状语前置句?"我们有必要先回顾一下基本知识以理解下面的问题。

即使孩子能够自然流畅地表达自己的观点,但如果要得到最高分,还是有必要让她掌握语言结构的基本原理。要是孩子这方面有困难，作为父母要尽力帮助她，一定会有效果的。解释每个词性的时候，做一个简单的游戏。你可以和孩子一起玩，看她是否理解了基本内容，然后再开始写作。你会发现她在进步。

名词

有两种名词：普通名词，指东西，如果不在句首的话就不用大写；专有名词，指名称，要大写。"香蕉、头、独轮手推车"都是普通名词；"伦敦、布莱尔、乌拉圭"则是专有名词。

和孩子一起玩类似于"视觉大发现"（I Spy）的游戏。可以在厨房或者在车里，让她找出普通名词和专有名词。I spy with my little eye… a sign, which is a common noun, for Milton Keynes, which is a proper noun.（我的小眼睛发现了……米尔顿·凯恩斯的签名。其中"Milton Keynes"是专有名词；"签名"是普通名词。）一般的原则是，看得见的东西就是普通名词。（但是胡佛电动吸尘器，因为是商标名，所以算是专有名词。）

动词

动词是动作词。我教他们的方法在家里也能做到。我让全班站起来，我说一个动词，他们做出相应的动作。

8. 文字型

如果在家里和孩子一起做这个练习的话,你要给她指令,"原地跑"、"去购物"、"打电话"。你也可以大声说出以下的指令让她做出动作来:"原地走"、"呼吸"、"吃"、"想"、"咀嚼"(慎用)、"打鼓"、"咬"、"站"、"咯咯笑"、"拍打"、"坐"、"转身"、"抓"、"擦亮"、"唱歌"、"跳舞"、"学牛叫"、"洗(盘子)"、"打扫(房间)"、"泡茶"、"去(睡觉)"。

你看,睡前也可以学习。孩子去睡觉了,你就可以坐下来喝着她刚给你泡好的茶,得意地认为自己是个好家长,打着学习的幌子让她做这做那。亲子练习

如果你与孩子的性别不同,可用一个有趣的接龙游戏教孩子学动词"to be",这是今年我从一所私立学校的风趣幽默的校长那里学来的。你们面对面坐着,轮到谁接龙,谁就要用手比划出来。女孩或者妈妈先来,你们可以这样进行:

我是——她指着自己。
你是——爸爸或者儿子指着她。
他是——她指着他。
她是——他指着她。
我们是——两手环抱好像拥抱胖姨。
你们是——他张开手臂,表示有很多人,包括对面的这个。

他们是——她也张开手臂表示有很多人。

你可以让孩子用这种手的动作来理解任何动词,让她明白动词怎么用。教下面这个动词的时候效果特别明显:"臭"、"放屁"、"我臭臭(指着自己)"、"你臭臭(指着家长)"、"他臭臭(指着兄弟)",等等。

形容词
电视广告很烦人。只听一个性感、酥软的女声说道:"This isn't just a cherry, it is a ripe, glazed, handpicked, Italian Morello cherry."(这不仅仅是一个樱桃,这是一个成熟的、光亮的、精选的、意大利黑樱桃。)听到这儿,你可能会想:"Oh, how stupid of me to think it was just a cherry!"(哦,我真傻,这怎么会是一个简单的樱桃呢!)那声音继续说着、呼吸急促着:"This isn't just a chicken, it's a hand-reared, corn-fed, really good-looking, really sexy chicken…"(这不仅仅是一只鸡,这是人工饲养的、用玉米喂养的、非常漂亮的、非常迷人的小鸡……)

这已经不是单纯的广告了。它生动地表现了一组形容词可以让人甘心花更多的钱买同样的东西。他们包装了樱桃、小鸡……用了吸引人的描述词(成熟的、光亮的、玉米喂养的),你就相信他们的食物不仅仅是简单的食物了。

这些描述词也不一定只能是单个词。你可以将词性不同的词组合起来(通常可以用一个连字符,或者有时省去不用)形成所谓的复合修饰词，或者复合形容词，比如在"an easily-forgotten birthday"（一个容易被忘记的生日）中，"easily-forgotten"就是一个复合修饰词。这些看起来不像是形容词，但是它们确实是。如果孩子会用这些词，还能为自己的作文加分呢。

牧童游戏（Buckaroo）是70年代我小时候玩的游戏，现在在玩具反斗城（Toys R Us）还能买得到。这个游戏的玩法就是在长相滑稽的塑料骡子的鞍上小心地叠放物品。如果你手重了，这匹骡子就会生气，把你放在它鞍上的东西都摔下来。我的这个游戏是这样的：在开始之前，你要先说出你打算放上去的东西，必须用两个形容词（颜色词不算），例如："一个装满水的、湿漉漉的水桶"。这样，孩子就可以很好地练习使用有趣的描述词，而整个游戏中我会一直鼓励她尽可能用出人意外的形容词。丰富形容词的词汇量可以提高她的写作能力，从而提高她的写作成绩。

如果你想让孩子在学习的过程中能做出更有意义的事的话，可以让她在做家务的过程中练习（除了牧童游戏还有很多）。你可以让孩子和你一起摆碗筷。每摆放一样物件，就用两个形容词。"我现在把棉质的、格子布的桌布铺上去。""现在我要摆一套精美的、水晶般的调味瓶了。"就这么说下去，直到把桌子布置好。

得心应手地使用形容词，孩子写出来的文章才更生动，但是等她通过了9年级的SAT考试后，就可以少用一些形容词了，因为太多的形容词会使文章显得很幼稚。如果每个名词前都用两个形容词，文章看起来就很蹩脚，而且会破坏文章的节奏。得分，靠的是选择正确的形容词以及词的多种用法。

副词

副词指加了-ly 的词，用来修饰动词。

我常常问自己一个问题："大罗恩·阿特金森㉛在这里干嘛？"从大罗恩的话里我们可以学到很多英语语言用法的知识，尤其是他作为足球经理人所使用的副词。如果你看了《英超周六赛事精华》㉜，你会发现足球经理人和评论员从来不在副词上加上-ly。要用过去时说"做得好"，大罗恩会这么说："I done nice. You done nice, He/She done nice, We done nice, You done nice, But the boy Rooney done magnificent.'（我做好了，你做好了。他/她/我们/你们做好了，但是小罗恩做得更是好极了。）

如果你不想孩子长大后整天为了鸡毛蒜皮的小事和别人吵架的话，那就好好学习该如何正确地读对每一个副词。

想像一个动作，如梳头、煎蛋甚至上厕所都可以。列出副词，让孩子根据副词做出动作。你说"clumsily"（笨手笨脚地），这时候，孩子可以假装上厕所的时候身体失去平衡,假装从马桶上摔倒在地板上。接着你再坚定而温和地说"sophisticatedly"(深沉地),这时候她会坐起来学着格蕾丝·凯莉®优雅地抿了一口香槟酒。(此时最好不用"messily"一词。)你也可以和孩子一起玩副词表演的字谜游戏,让孩子做出她想到的副词的动作,由你来猜出那个副词。

还有一个方法,老师用会特别有效果,就是让孩子悲伤地说副词。选出几个副词,让她用哭泣表现出来,如"sadly","seriously","shrilly","silently"(这个很不错,我更喜欢听这样的哀鸣声),"sleepily","slowly","smoothly","softly","successfully",这也可以表现出人的声音,表现出细微的差别。亲子搞句

注意:不是所有-ly结尾的词都是副词。比如"silly","ugly","smelly"就不是副词;也不是所有的副词都是以-ly结尾。"Pooh silly"(傻得像便便一样)、"Pooh ugly"(恶心得像便便)之类的话都是骂人的话,不可以当作游戏的指令。你大可以傻傻地便便,但是语法上说不通,英语老师不会这么说的。"pooh smelly"(臭臭地屙便便)不是地道的英语表达法,而且是同义重复,因此不要这么说。

代词

代词代替名词。"man"(男人)是名词。代替这个词的代词是"he"(他),除非人类失宠了,才会用"it"(它)来指代人。代词没什么意思。要学的东西也不多。

连词

将两个句子连成一句的词就是连词。学校里也把它们叫做连接词。有两种连词。第一种表示因果关系。表现出两个分句之间的因果联系。如：

Joe was thirsty,	so	he bought a bottle of Tizer.
这是第一个分句，表原因，意为"乔很渴"	连词，意为"所以"	这是第二个分句，表结果，意为"他买了一瓶Tizer"

第一个分句不一定要导致第二个分句的结果；有时候也许正好相反。如：

Joe bought a bottle of Tizer	for	he was thirsty.
第一个分句表结果，意为"乔买了一瓶Tizer"	连词，意为"因为"	第二个分句，表原因，意为"他很渴"

不论是什么情节，因果关系都很清楚。这就是直接连词（连接词）。而另一种原因则会导致相反的情况。如：

Joe was thirsty,	however	he was absolutely potless and couldn't even afford a Panda Pop, let alone a whole bloody bottle of Tizer.
这是第一个分句，表原因，意为"乔很渴"	连词，意为"然而"	这是第二个分句，说明相反的情况，意为"但是他身无分文，连一瓶Panda Pop（饮料名）都买不起，更别说一瓶Tizer（饮料名）了"

8. 文字型

我们把这类的连词叫做转折连词（转折连接词）。下表列出了几组这样的连词：

直接连词		转折连词	
and	和	but	但是
for	由于	yet	然而
so	因此	however	不过
because	因为	although	尽管
since	既然	though	虽然
then	那么	whereas	却
consequently	结果	while	尽管
subsequently	随后	antithetically	相反地

给孩子的作文打分，其中一个标准就是她能否使用多个不同的连词，所以理解连词的功能对孩子是很重要的。下面这个游戏是我们家的英语老师，也就是本人我设计的，目的是教学生使用不同的连词。

我认为规则是很简单的，但是我和其他老师做这个游戏的时候，他们都面露难色，所以也许比我想象的更有难度一些吧。这有点像击鼓传花，只不过没有花罢了。

首先你们围成一圈坐着，先用"连词"或"转折连词"。如果第一个人说"连词"，那么就由坐在她左边的人接着往下说。如果，最后一个人还是说"连词"，那么就继续由她左边的人往下说；但是如果她说的是"转折连词"，那么就要由她右边的人来说了。总之，说"连词"按照顺时针的方向进行，说"转折连词"就按照逆时针方向来进行。这个游戏模拟了句子中的连词的功能：一个表示因果关系，推动句子的发展；另一个则按照相反的方向发展。

如果用真正的连词如"and"，"but"分别代替"连词"和"转折连词"的时候，游戏就变得复杂了。用"and"可以照旧按原来的顺序，用了"but"就要以相反的顺序来进行了。下一次再用"for"和"yet"，然后用"so"和"however"，"because"和"although"等等把所有的连词都用上。如果轮到你了你不说，或者没轮到你却说出来了，你就要出局。实际操作比说更有难度。到最后，所有的参与者要想各种连词，而且还要想它们相应的作用。要想胜出，你的注意力需要相当集中才行。

参加 SAT 考试之前，做这个练习真是特别有用，因为作文的评分标准之一就是看连词的使用。如果全家人都来参与的话，奶奶要说"antithetically"（对立地）这个连词的话，可要小心假牙别掉下来哟。这个游戏还可以在漫长的汽车旅行中进行，或者在写文章之前用做热身练习。

介词

如第 6 章所述,介词就是方位词。不适合用在句尾。

你们应该都知道"推理"这个室内游戏吧,在家里 3 人以上一起玩,人越多越好玩。拿一张纸,写下一个男人的名字,再写单词"met",折起来与旁边的人交换。旁边的人写下一个女人的名字和"at"。然后写下一个地名以及"he said"和"she replied",折起来后再与下一个人交换,最后一个人写下"and the conseqwence was"几个字。当你打开纸读到最终的结果时,会发现先前这些字词形成了很奇怪的关系。为了说明操作方法,我把我刚才在楼下和太太以及有着惊人表达能力的 8 龄童一起做的来给大家做个示范吧:

Michael Portillo met Po at the top of the Eiffel Tower. He said to her, "Hello, love. I like your eyes." She replied, "Have you seen my noo noo?" And the consequence was:they decided to sleep in the library because there was a blizzard. (迈克尔·波蒂略在埃菲尔铁塔塔顶遇到了天线宝宝小波。他

对她说:"亲爱的,我喜欢你的眼睛。"她回答说:"你见到了我的机器人诺诺了吗?"结果是:"因为有暴风雪,他们决定在图书馆睡觉。")

你可以任意更改结果来巩固和检查孩子对词性的掌握情况。具体操作方法如下(完成一个单词后折起来与别人交换):

1. 一个冠词(定冠词"the"或不定冠词"a")＋一个形容词,如"A colossal"。
2. 再来一个形容词,如"smelly"(臭臭的)。
3. 接着,来一个普通名词,如"hose"(软管)。
4. 接着,来个动词(现在时),如"farts"(放屁)。
5. 接着,来个副词,如"slowly"(慢慢地)。
6. 接着,来个介词,如"above"(这……之上)。
7. 接着,再来一个冠词或不定冠词＋一个形容词,如"the pretty"(那个漂亮的)。
8. 接着,再来一个普通名词,如"table"(桌子)。

如果词性都正确的话,那么你打开那张纸后就能看到完整的一句话了:

A colossal, smelly hose farts slowly above the pretty table. (一根巨大的臭臭的软管在那张漂亮的桌子上慢慢地放了一个屁。)

这种情况在生活中是有悖常理的,但用文字表达却是没有

8. 文字型

错的。

但如果词性不正确,那就无法成句了。如果该用副词的地方你用了形容词,整个句子的结构就会被破坏了。如:"A colossal, smelly hose farts big above the pretty table."(一根巨大的臭软管在漂亮地桌子上面放大屁。)你可以说慢慢地放了一个屁,但不能说放大屁。为了检查句子语法是否正确,我要学生用动作表达出来。如果在超现实的世界里是可能的,那么句子的语法就是正确的。

这就是我的工作,也是我无穷欢乐的源泉,而且收入还不错。我能让谢菲尔德一位小学校长假装自己是"一个病态的、紫色的大象性感地住在长着斑点的龙虾的下面(a sickly, purple elephant living sexily under a spotty lobster)",还能因此获得高薪。真是太滑稽了。现在我找到了生活的意义。

连接不同词性的词

孩子们一旦了解了各个成分,就可以来写复杂的句子了。在班上,我从教室的这头走到那头,然后让孩子写出他们看到了什么。你希望他们会写:"The stupid, scrawny teacher in a coat two sizes too big for him...(那个愚蠢的骨瘦如柴的老师,穿着比自己身材大两号的衣服……)"其实不然。除非他们天赋过人,或者有心炫耀,否则你看到的句子就是"The man walks across the room.(那个男人走到教室的另一头。)"

这在乡村学校的教师看来是"蹩脚的造句",但是很容易修改。

如果孩子掌握了基本语法，能够分清名词和形容词，动词和副词，她很快就能把这单调、乏味、枯燥的句子改成生动的句子。

我再走一遍，让他们仔细研究我，选择 20 个不同的形容词来描述我的样子。你要有心理准备，童言无忌，他们天真无邪的嘴里可能会说出让你不快的事实。他们捕捉到了我衰老的容颜。我让他们在纸张的左半部写出形容词，每行两个。一般他们首先写的是：

aged, tired（年老的，疲劳的）
bloated, arthritic（浮肿的，佝偻的）
puffy, ill-kempt（喘粗气的，邋遢的）

完成后，我们再来写名词。他们想到的第一名词是"男人"。我让他们再看着我，并在右半边纸上，也就是形容词的旁边，写上一些更有趣更有创意的名词。他们一样是毫不留情啊：

derelict（被抛弃的人）
toilet-cleaner（洗厕所的人）
pensioner（退休的人）

我们接下来找动词。除了"走"还有很多办法可以到达教室的另一头。为了说明这一点，我慢慢地踱过去，再跳回来。然后，他们在名词的右边写出动词：

saunters（漫步）
lounges（闲荡）
perambulates（徘徊）

接下来写副词：

cleverly（轻盈地）
shamefully（羞愧地）
disconsolately（悲伤地）

最后，我让他们在每组词后面加上"走到教室另一头"，这样我们就有了 3 句不一样的句子，每一句都比"The man walks across the room."好；而且，每一句都把老师描述得很不堪：

The aged, tired derelict saunters cleverly across the room.（那个年老的、疲惫的、被抛弃的人轻盈地、漫步着走到教室另一头。）
The bloated, arthritic toilet-cleaner lounges shamefully across the room.（那个浮肿的、佝偻的、洗厕所的人羞愧地、闲荡着走到教室另一头。）
The puffy, ill-kempt pensioner perambulates disconsolately across the room.（那个喘着粗气的、邋遢的、退休的人悲伤地、徘徊着走到教室另一头。）

词性提高孩子的写作
孩子也许有着很高的语言智能，对语言有着与生俱来的能力，但是她还应该要了解英语的语法规则，写出来的句子和文章才结构紧凑。很多孩子对于词汇的把握有着极好的想象力，但是却不知道把握句子的结构和标点。如果不知道运用语法，语言再出彩，零零散散、语不成句也是不行的。有时候可以允许他们打破规矩，但前提是：首先他们知道如何使用正式的、正确的语言形式，其次他们反规则的目的是要使得文字更有特色。语法规则有以下 7 条：

1. 连词不能起句。

想想连词的功能，（还记得吗？）它连接两个分句，所以很明显不能用在句首。既然是连接，就应该在句子的中间。

也许你也会这么想。打开当今的报纸，你会看到几百句由"and"和"but"开头的句子。也许这本书里你也会见到几个这样的例子，因为这么用已经渐渐成为一种时尚，被人们接受，特别是为了在争执中强调一个额外的或者相反的论点。报纸的编辑、记者、出版社对这条规则比较宽松，因为他们的上司不会像 GCSE 考官那样严格地去审查他们的稿子。作为一条规则，最好教孩子不要那么用；等长大了，为报纸撰稿谋生了再那么用吧。那是一份很神气的工作。

2. 不要在不定式"to"和动词之间使用副词。

这是分裂不定式，在英国中部一些地方禁止使用。毫无疑问我这本书中也会有个别这样的例子。我在 20 世纪 70 年代就犯过这样的错误了,并受到了指责。所以不要在两者中间加上文字。

分裂不定式的补偿办法就是在动词后面用副词。如果孩子掌握了这个简单的技巧,他们的英语老师就没意见了。

3. 一个句子中,同样的代词不能使用两次。

这条规则是由大家熟悉的"一个句子中,同样的单词不要用两次"中延伸出来。尽管不是完全不可以用,但是如果孩子在写作中注意这一点的话,那么她的文章会更漂亮。比如,"If you have a sentence with two of the same pronoun in it, you swipe the second out."(如果你的句子中有两个同样的代词,你应删去第2个。)就不如以下这句来得好:"If you have a sentence with two of the same pronoun in it, swipe the second out."(如果你的句子中有两个同样的代词,应删去第2个。)

4. 介词不要在句尾。

有这么两句话:"This is the kind of grammar up with which I cannot put."和"This is the kind of grammar I cannot put up with."(我受不了这个语法规则。)从语法的角度来说,第一句是正确的,第二句不正确;但相比之下,前者反而显得生硬、拙劣。所以,孩子要选择语感上正确的,但是脑子里还是要记住这条规则。最重要的是,她能够充分地把握句子。"She is the person with whom I came."和"She is the person I came with."(她是和我一起来的人。)两句相比,第一句能显得她很优雅、聪明,第二句就没有这个味道了。

5. 注意系动词 to be 的过去时!

年轻的伦敦人常常会犯这个错误,而全国各地许多方言中也有这样的错误。伦敦的小孩常常不用"I was","you were","he was";他们不管人称代词一律用"was":"you was","we was"等等。他们完全忘记了"were"的存在。就我而言,我是想怎么说就怎么说。但是这些话用书面语表述出来的时候就是完全错误的,孩子们在考试中就会出错,这是不对的。所以一定要让孩子知道:要说"We weren't doing anything, sir."(我们什么也没做,老师。)而不要说"We wasn't doing anything."(更不要说"We wasn't doing nothing",原因将在下面提到。)

6. 避免双重否定词。

"否定+否定"的表述经常出现在我改过的作业中。每一个老师都要重视这句话"We wasn't doin' nuffink, sir."(老师,我们不是什么也没做。),这句话不仅语法错了,而且由于双重否定等于肯定,也就是说承认了他们确实做了什么。

还要注意:肯定做了什么是"must have",而不是"must of"。这种语音上的模糊也经常出现在孩子们的作业中。孩子们不知道,虽然有的人读起来都一样,但它真正的省略形式是

must've 而不是 must of。同样还有"should've, could've, would've"和"might've"。另外务必要教学生们注意"something, nothing, everything"和"anything"的最后一个字母是 g，不是 k。

7．避免同义重复

同义反复就是连着说同样的话，这一点也要给孩子指出来，让她避免犯这样的错误。伦敦东区有些地方很流行这么用。我们看到有很多的酒馆的名字叫做 Royal Sovereign（皇家宫廷）。还有一个例子：孩子会写"free gift（免费的礼物）"，这其实毫无意义。所有的礼物，本质上是免费的，所以这里的"免费的"就属于同义反复。教育部也不应该再说"new innovations in the curriculum（课程新的创新）"了。

科克船长测验

问：经典台词"To boldly go where no man has gone before."（大胆地去闯前人未去过的地方。）有几处错误？

答：科克船长犯了 3 个错。
1．"To boldly go"是分裂不定式。应该改为"To go boldly"。
2．"before"在此处多余，同义反复了。如果"没人到过"这些新大陆，新的文明国家，那么很明显他们之前就没去过。

3. 没有"男人",船长?不是还有女士吗?那个乌乎拉上尉若是男人的话,长得就太奇怪了。

句子

能够写出长短不同、结构也不同的句子,对于 SAT 和 GCSE 的任何一个科目的考试都大有好处。这也差不多是风格作家的定义了;说明孩子知道自己文章的节奏,看到其文章的人也会感受到其中的节奏。我有一个简单的练习方法,肯定能让孩子牢牢记住,这样他们就会写出有意思的文章并获得高分。

让孩子从 1~5 中选出 5 个数字,最好有的数字相同(这是出于节奏的考虑——等一下你就明白了);然后再从 6~20 中选出 5 个数字。将它们排列出来,如:3,3,2,18,19,7,1,20,6,1。现在选一个作文题目。比如:两车相撞。

Metal hits metal. Collapsing on impact. Windscreens erupting. Orange light refracts off pieces of glass throwing prism shapes on to the petrol sheen of the tarmac. Flames cover the drivers, who struggle: screaming pigs, seeking to free themselves from the inferno which is their seat. Licked by death, they cease to fight. Incinerated. These crisp, lifeless monsters: still at the same point at which the fires finally cut them free from their seatbelts. It is a barbecue for cannibals. Tasty!（金属与金属相碰。发出巨大的响声。挡风玻璃碎了，橙色的灯光从玻璃碎片中折射出来。柏油路上，油亮亮的汽油流了一地。两辆车的司机都在大火中挣扎着，发出凄厉的尖叫声，努力要从座位上挣脱。死神降临了，他们停止了挣扎，化为了灰烬。两具烧焦的没有生命的躯体：保持着姿势，安全带烧断了。可怜！）

到了考试时候，为了节省孩子考虑句长的时间，提醒她可以使用她的（或者你的）手机号码，在卷面上方写下来。比如：下面这个是我讨厌的人的号码，各位尽管打过去，或者发送骚扰信息：07949 159658。数字中遇到 0 的话，建议用 9 代替。合并与 1 相邻的数字（因为考试中最好避免只有一个单词的句子）。那么上面的那个号码写在考卷上就应该是 9，7，9，4，9，15，9，6，5，8。这一定能够使她的作文有节奏而且有力。要是数字不够用了，她可以用另一个人的电话号码。

好的文章一定要有不同长度的句子。限制自己使用字数就迫使你努力造句，但有意重复同样句长的句子一定会引起读者的注意：前面那个例子中开头的 3 个短句就非常有戏剧性。

还需注意的是每句的起句也要有变化。关于这一点我也记不清在孩子的作业本上提出多少次了。请看这一段话，每个句子开头都是同一个单词，简直是触目惊心：
I went to the shops. I bought a pint of milk. I opened the milk. I spat it out. I said to myself, "Strewth, how long has

that been on the shelf?" I resolved never to enter the shop again. (我上街了。我买了一品脱的牛奶。我打开奶瓶。我把牛奶吐了出来。我自言自语:"哎哟,这摆在货架上多久了?"我决定再也不去那家店了。)

重复的代词出现在句首不仅说明作者非常自恋,而且读起来非常乏味。句子的起句与句长一样,都会影响句子的节奏。以下是修改后的:
I went to the shop, and bought a bottle of milk. Ripping the top off, I drank. "Strewth!" I said, spitting it out. "How long has that been on the shelf?" Never since that day have I entered that shop. (我走进了那家商店,买了瓶牛奶。拔开盖子,喝了一口。"哎哟!"我立刻就吐了出来,"它摆在货架上多久了?"从那以后,我再也不到那家店去了。)虽然不可能会赢得布克奖⑲,但是显然更流畅了。

迷雾指数
90年代初,我在阿比国民银行做小文书的时候,听说过迷雾指数⑳。它明确了简明的英语标准,认为13个单词应为最佳句子长度,能够起到明确的交流目的;不能超过20个单词,如果你的句子超过了20个单词,别人就很难看懂,越长越是如此。有趣的是,在解释迷雾指数的时候我用了五十几个字。对大多数成年人来说,这么看语言太机械化了(除了阿比国民银行通联部的员工),但是我想对于正在学习写作的孩子来说还是很有用的。

首先，要提醒你，文章必须以句子为单位。第二，通篇用"and"，"then"连接起来的文章是得不到高分的。这不难理解。以那个五十几个字的句子为例，如果我把它缩短为 20 个字："迷雾指数说 13 个单词最好，最多 20 个，超过了不好。"显然更简洁了。我要强调的是："13 个单词是理想的句子长度"这么一个观点，这个数字好像是凭空捏造出来的。"滚开！"（sod off）是两个单词的句子，完全起到了交流的作用，正合我意。"不"也是一句好理解的句子；不过如果你在电视台工作，它的意思就不一定那么明确了。

分段

为什么需要段落呢？有人会说我们需要段落来整理观点，但这只是其中一个原因，并不是全部。如果你看了凯莉那篇长达 12 页的童话故事，没有分段，人物的名字都是伦敦东区的人，你自然就会明白我们需要段落的真正原因了。在任何情况下，给 12 页的童话故事打分本身就是件非常艰巨的工作。但是凯莉并没有打算让她可怜的读者喘口气；这 12 页的故事好像撒哈拉沙漠一样，没有尽头，没有绿洲，连上厕所的时间也没有。

有效的练习方法就是：拿一张 A4 白纸，在中间画一个点。然后在角落画上 4 个标记（为了说明问题，在左上角画一颗星，右上角画一个圈，左下角画一个方形，右下角画一个三角形）。完成后，抓住孩子的胳膊让她盯着中间的那个点。几分钟后，让她活动一下眼睛，闭上眼睛 10 秒钟，再睁开。问她看见了哪个标记。如果她不是说星星，你就拍她一脑瓜子，打发她去睡觉，不准吃晚饭。

人的眼睛看东西的时候，一定是先看左上方，再右下方，再到右上方，最后才是左下方。这就是为什么段落不要缩进的原因：因为不符合我们眼睛的功能。如果眼睛马上看到了文章的左上方，而你又缩进了段落，那么眼睛看什么呢？没错——什么也没有看到。所以不让他们段落缩进我觉得很有道理。对此我严格要求。我常常收到人们用绿色墨水写的关于教育问题的千奇百怪的信件。如果信中段落缩进了，我一定会马上回复：请不要缩进段落。不管怎样，我会去你家，不论在哪里，我都会去辅导你的小孩，不为钱也不为讨口好茶喝。

既然缩进不可取，那就让他们在段落之间空一行。否则看不出分段了。

哪里开始分段，这个问题其实很简单。有时候你会看到有的孩子采用非常可爱的、机械化的方法来分段。她简单地每 5 行为一段，我欣赏她的创意和勇气。评卷人时间紧迫，而且通常并不内行。孩子可以蒙混过关，但是学会正确的方法其实更简单。

温斯顿·丘吉尔说："正如每个句子要有完整的意思一样，段落应该包含一个清楚的情节。"如果把笔看做是摄影机，当摄影机要切换镜头，你就应该要另起一段了，因为要开始拍摄新的场景、不同的人物、不同的时间。

在非故事类写作中，如历史论文——段落中你开门见山地提出了一个观点，就要在段落中提供具体的论点来支持你的观点。比如：

I find my friend Pete's sideburns unacceptable (main point). He describes them as being strawberry blonde, yet to me, this phrase is always just a set of smoke and mirrors to disguise gingerness (supporting point adding more detail). As he closes in on his forties, they become flecked-nay overrun-with grey (more detail), causing him to have them cropped so close as to be almost pointless (even more detail, justifying the original point).

His nose, on the other hand, is fantastically beautiful, and I envy it (new paragraph with new point).

[我不能接受我的朋友皮特的鬓脚（主要观点）。他却说他的鬓脚像是长着略带金黄的红色头发的女郎（添加了细节以支持主要观点）。然而对我来说，这么说是故意给人错误的印象，目的是掩盖姜黄色（更具体了）。当他年近40的时候，长了斑点——不，长了许多灰白色的，他只好将它们修掉，所以没有必要留鬓脚（更多的细节，证明了原先的观点）。

而他的鼻子的确非常的好看，我很羡慕（另起一个段落表述新的观点）。]

现在知道摄影机是怎么从大段的、关于皮特姜黄色鬓脚的描写切换到他的鼻子了吧?

读下文给孩子听,让她在认为要分段的地方喊出"分段!"

Once upon a time, there was a little girl called Little Red Riding Hood. Now she was an obedient girl, from a strong working-class extended family. They looked after each other, the Riding Hoods. Across the woods from where Red lived with her mum, dad and little brother was Granny Riding Hood's house. Gran lived on her own, and was a bit poorly. And, as was the way in distant times when the family was a properly functional unit of social cohesion and care, the younger Riding Hoods took care of the needs of their elders. Every day Red would be given the task of bringing Granny her stewed apples, prunes and other tasteless food for the toothless. On the particular day in question Red set off through the woods, with a basket of foul-smelling foodstuffs on her arm. She skipped and ambled through the woodland with not a care in the world. What she didn't know, however, was that she had been spied by the wicked old wolf. The wolf was a sly old dog and a bit of a lazy bastard to boot. Chasing gazelles was not for him. He preferred the easy meal.

（从前，有个小女孩叫小红帽。她是一个乖孩子，来自工人阶级的大家庭。她和爸爸妈妈、哥哥住在一起。林子的那一头是奶奶家。他们彼此照顾。奶奶一个人生活，日子过得有点苦。在古代，家庭是社会凝聚力和社会关怀的职能单位，年轻人要照顾老人。每一天，小红帽都要去给没牙的奶奶送炖苹果、炖李子以及其他给没牙老人吃的不好吃的东西。那一天，小红帽挎着一篮子并不美味的食物，穿过树林。她蹦蹦跳跳、无忧无虑地走在林中，丝毫不在意周围的环境。她不知道她已经被一只邪恶的老狼给盯上了。狼很狡猾，又很懒惰，懒得去捕捉羚羊。他喜欢不劳而获。）

故事可以分为3段：

1. 第3句话后，镜头迅速切换到奶奶的房子。这里场景变了，所以应该另起一段。
2. "Every day"（每一天）——说明时间变了，这里镜头又回到了小红帽身上，所以也要另起一段。
3. "wolf"（狼）是一个出现在镜头里的新角色。

分段原则（至少对故事类文章）并非一成不变，但是孩子要牢记这些基本原则：场景、人物、时间变了，就要另起一段，这样她定能写得得心应手。

标点

我本人教这个内容的时候深受林恩·特拉斯《吃射走》[41]一书的启发。我真心向每一位对写作感兴趣的朋友介绍这本书。读到这本书之前,我不太清楚分号、冒号该怎么用。此书明确地告诉我们什么时候用逗号才合适。

书中有一个观点:标点符号的规则同时也受个人喜好的影响。(比如感叹号,完全不用这个标点的人以及 10 岁以上、一口气使用 3 个感叹号的人都要受到惩罚,罚他们去做社区服务。)要让孩子明白标点不是令人畏惧的禁令,而是可以让我们显得与众不同的、文字之外的东西。敢于大胆使用标点的学生才善于使用标点。

我前面说过,只有知道了规则,才能去打破规则。了解正确的标点使用对于正确、清楚的书面交流是很重要的。就在今天早上,因为少了一个句号,加特福德市中心某咖啡馆出了个乱子。咖啡馆里来了一位客人,服务员问他是否要黑咖啡。我猜他当时说"No milk and sugar."(不要加奶加糖。)所以服务员给他上了一杯热腾腾的黑咖啡,有点酸。客人一喝就很生气。原来他当时说的是"No. Milk and sugar."(不。要加奶加糖。)一个标点之差啊,就有如此不同。他不会再去那家咖啡馆了。这正合我意,反正我也不喜欢这个猪头。

用对标点比用对词难一倍,但是 SAT 和 GCSE 考试都高度重视其重要性。英语得 A 与 A$^+$ 的区别就在于会不会创造性地使用各种标点符号。我们来简单看看其中三个标点的用法吧。

逗号

逗号有五种用法:

1. 分隔并列项目,包括名词前面并列的形容词。"He was a smelly, intemperate, grumpy, badly dressed fool. Note you don't have a comma between the last adjective and the noun."(他是一个浑身发臭的,酗酒无度的,脾气暴躁的,衣衫不整的傻瓜。)注意,最后一个形容词和名词之间不用逗号。
2. 逗号用在直接引语前。Pete replied, "But I like my sideburns."(皮特回答:"但是,我喜欢我的鬓脚。")
3. 用在一些连词前面。"I have smashingly lovely sideburns, but Pete's are a disgrace."(我的鬓脚好看极了,但是皮特的很不体面。)
4. 用在位于句首、以-ly 结尾的副词后面。"Unbelievably, Pete persisted with his grey and ginger sideburns long after they had outlived their usefulness."(难以置信的是,皮特坚持要留又灰又黄的鬓脚,其实它们早就该剪掉了。)
5. 用于区分从句(见第 2 章)。"Pete, despite the best advice of his friends, continued to embarrass himself and his whole extended family by sporting a hideous pair of Midge Ures."(皮特,不顾好友的忠告,继续追捧米兹尤瑞的朋克组合,丢尽了全家人的脸了。)

分号与冒号

我的老师说冒号和分号表示读者可以停顿的时间长度。逗号间隔时间最短，分号稍长些，而冒号则更长些。

特拉斯女士则认为分号基本上提示"还有另一点"（等等）。所以它常常用在补充说明之后。"Jemima is clever, industrious, polite, charming, beautiful, funny, sensitive, kind, fresh-smelling and gentle; but she needs to tidy her room more often."（杰迈玛聪明、勤奋、有礼貌、迷人、美丽、细腻、善良、芳香、温柔；但是需要多收拾收拾她的房间。）

分号还可以用来区分两个长短不一的分句。上面的第一个分句，列举杰迈玛的优点用了 13 个单词；分号以后则只有 9 个。当然这么看问题很笼统，不过事实是我们更关注句子的平衡，不太注意句子的长短。然而，对于刚刚尝试更复杂一些的标点符号的学生来说，最好还是先从句子的长度入手。另一方面，冒号则用于两个同样长度的句子中间。就像对待分号一样，理解冒号的最好方法就是：当两个句子的长度一样时，中间用冒号。"My dad's old: he's ugly too."（我爸老了：他也很丑。）冒号左右两边的句子一样长，一目了然。

我们还可以这么理解冒号：它就好像是平发球或者上篮。想象一个网球手将球抛起准备发球，或者排球队员将球托起好让他的队友扣球（我想他们会说扣杀）。冒号形象地在语言中表示球离开手和扣球之间的时间。"A case in point: the sentence you are reading now."(一个恰当的例子：你现在看到的这个句子。)在这里，"case in point"(恰当的例子)让人期待(想象球在空中划了个弧线)，"the sentence"(这个句子)没有辜负大家的期待(用球拍或手扣球)。

冒号还可以用在解释性从句和用作例子的解释内容之间。如"There are many and varied forms of punctuation：the comma, full stop, colon and semi-colon."(有很多不同的标点符号：逗号，句号，冒号和分号。)再如"There are many reasons Pete should get rid of the sideburns：they're an unpalatable shade, he's too old for ornate facial hair, and it'd make his mum happy."(皮特要剪掉鬓脚的理由有很多：颜色让人无法忍受，年龄大了不适合留花哨的胡须，只有他妈妈喜欢他扮嫩。)

明喻与暗喻
最后，明喻和暗喻是决定一篇文章是否出色的最关键的因素。明喻指的是把物或者人与其他的东西做比较，"She entered the room like an angry weasel."(她进了房间，像只生气的鼬鼠似的。)暗喻则表示某物或者某人是其他的什么东西，如"She entered the room, an angry weasel."(这只生气的鼬鼠进了房间。)

文章里偶尔使用暗喻不仅吸引人而且还显得非常有水平。一个暗喻的效果相当于上两个明喻，但是写暗喻有些冒险。"Her hair is a packet of crisps."(她的头发是一包薯条。)对此，读者需要进行思维转换,不如说"Her hair is like a packet of crisps"(她的头发像一包薯条一样)那么直白。暗喻,好像跳水比赛中的向后翻腾两周半屈体一样,难度更大。就这一点而论,如果用得恰当,而且又有创意,分数当然会更高。要把明喻改成暗喻,你只要去掉"like"或"as" (像……一样)即可。

和你的小孩做些暗喻练习。用什么练习暗喻都行。为了便于叙述,我们用头发、嘴巴、眼睛、鼻子和外形,然后任选一个物体来造暗喻的句子。我这个房间里现在有一本书,一个信封,一听甜玉米,一把螺丝刀,几张香烟纸(甜玉米就说来话长了)。那么请看:

His hair is a book.

His mouth is an envelope.

His eyes are sweetcorn.

His nose is a screwdriver.

His skin is cigarette paper.

他的头发是一本书。

他的嘴是一个信封。

他的眼睛是甜玉米。

他的鼻子是螺丝刀。

8. 文字型

他的皮肤是香烟纸。

现在让我们来解释这些乱七八糟的话。

His hair is a book: it is red.
His mouth is an envelope-always open, unless it's got something in it.
His eyes are sweetcorn: yellow and beady.
His nose is a screwdriver: long and pointy.
His skin is cigarette paper: gossamer thin and sticky if you lick it.
他的头发是一本书:都是红色的。
他的嘴巴是一个信封——总是张开的,塞了东西就合上了。
他的眼睛是甜玉米:像黄色的小珠子。
他的鼻子是螺丝刀:又长又尖。
他的皮肤是香烟纸:薄而有粘性。

这能大大地鼓励孩子在写作时,写出富有创意的文字;因为是随便合成的,孩子们也不用担心出错。在作文里加上几个随便编写的暗喻会给老师一份惊喜的,也一定会加分奖励的。亲子指引

提高写作的练习

现在我们具体看看哪些方法可以真正提高孩子的写作。比如GCSE 叙述性写作(Original Writing)要求孩子不能以记流水账的方式来叙述故事。"We went to the shop, then we bought a bottle of milk, then the examiner gave up on us, chucked our paper in the bin, awarded us an F and went down the pub."（我们走进商店，然后我们买了一瓶牛奶，然后考官给我们不及格，给我们打了F，把我们的考卷塞进垃圾桶，然后我们去了酒吧。）——诸如此类的东西。在考试中，如果侧重写发生了什么而不注意描写的方法，那么文章写出来就很糟糕，成绩自然也不好。

想要避免出现这种情况有一个方法：彻底改变写作的侧重点，鼓励孩子用现在时来写现在发生的事情。可以写开花、婚变、顿悟，或者宗教讨论。专注地描写在某个短暂的时刻所发生的事，有助于她个人风格的形成。她不能把每件事写下来就完事了；她必须坐下来认真思考，慎重地选择措辞。

想象自己是考官（不过一般情况下我并不建议这么做），他希望读到的是以时间顺序叙述事件的文章。记住：在考试中，重要的不是故事本身而是叙述故事的方法。

观察性写作
简单地说，写出好的描述性文章比起编故事要求更多的技巧与手法，但是要描写什么呢？观察性写作有益于这方面技巧的培养。喜欢文字并且能够创造性地使用语言的孩子会发现这个练习真的很有启发性。假设是一节画画课：房间的正中央摆着一个物品、一碗水果或者一辆旧的自行车。你把它画出来，也可以写出来，效果很不错的。

在桌上或者地板上放一件东西,让孩子写一篇描写这个物品的文章。最好有故事情节:她爸爸的夹克比起一个橙子更能感动她。必须用现在时,如"It is lying on the floor."(它在地板上),而不要用过去时:"It was…"

一开始,她可能写不出几句话,只会写"It is a grey jacket with pinstripes…"(这是件带细条纹的灰夹克……)建议她用暗喻的方法:把袖子想象成是冰川峡谷,铺开的夹克像是十字架上的耶稣。她可以用拟人的手法,揣度它的过去。它躺在地板上觉得怎么样?然后让她把口袋掏空,看看里面有什么,是否可以从中发现与主人有关的信息呢?

让她用现在时来描写丢了夹克的那个人。用现在时来叙述过去的事件的手法,叫做"现在时倒叙"。只要她的标点和措辞准确又有想象力,在 GCSE 英文写作考试中就可以得到 A+ 的成绩。

让我再以艺术类学生来打比方。他们有"写生"课,让一个赤裸的胖男人难为情地坐着,为自己生理缺陷感到不安,而一班学生却用炭笔的笔墨层次来描绘他的肥胖。这种技巧有利于培养孩子人物创造的能力。

人物包含两方面：长什么样，做什么。遗憾的是我们的想象力有时很有限，但是敏锐的观察力可以让我们捕捉到更细节的东西。写一个人的长相是很好写的，孩子只须认真地观察就能写得出来。在家里，她可以描写你；在课堂上，她可以描写同学；在考场中，她可以投机取巧地写她周围的人：穿着吱吱作响的高跟鞋、喝着冷咖啡来回走的、不让考生们说话的监考老师。

如果她能结合之前学的在考场中如何把握句子长度的方法，就肯定能得高分。

所以，电话号码 07775 123456，就会转化成 97775 123456，即每句分别有 9、7、7、7、5、12、3、4、5 或 6 个单词，加上对人物面部的观察，写出了如下一段话：

> One slim shoulder is held slightly below the other. Her hair a bun of loose curls. She wears a smile of enigmatic sincerity. Two silver rings dangle from her ears. She leans forward and speaks. Her brows arch in slight confusion as she chats to the boy. Small pixie-like ears. A nose noble, proud. And two slender, intelligent eyebrows. They live above darting green pools. 她的肩膀窄窄的，一边微微抬起。一头大波浪的长发。面带微笑，目光真诚而敏锐。一对银耳环轻轻地摇晃着。她眉头微蹙，俯身和那个男孩说着什么。她有着精灵一样的耳朵，细长

而小巧；鼻梁挺直，看起来高贵自信；细长的眉毛间，蕴藏着智慧；一双绿色的眼睛一眨一眨的。

这是对日常生活一个场景的描写：我太太正在打扫婴儿高脚椅子。对她的表述并不十分贴切。抽去原文的语境，我们仍然可以看出一个人物的大概。可能是描述一个公主，一个罗马皇后，或者是《狮子、女巫、魔衣橱》里的女牧神。它也可能是描述一个捡垃圾的女人、银行柜员或者妓女（我太太看到这里一定气坏了）。不论哪个故事的情境中有了这么一段描写，成绩应该都会不错。因为是真实的描写，一些细节是不可能单凭想象就能写出来的。

无意识写作
这是国内忙着在夜校里给成人上创造性写作的老师常用的一个方法。

"今天晚上我们做什么呢，小姐？"

"我们再来做无意识写作吧。"

"哦？真让我感到意外。我们上周和上上周不是做过了吗？"

上了诗人西蒙·阿米蒂奇主讲的课后，我开始认识到这是一种有效的教学工具。如果你不知道谁是西蒙·阿米蒂奇，去读读他的诗吧。他是一个真诚的、戴着耳环的、英国北部的天才诗人。如果你不喜欢诗歌，我建议你读他写的剧本。西蒙·阿米蒂奇给我们这些老师上的第一节课就是无意识写作，我觉得受益匪浅。

一般情况下，你只要把所思所想写出来，写什么都行。不过最好限定时间，这样才会有紧迫感。第一次尝试可能会这么写：

"What am I thinking? Nothing. This teacher is stupid asking me to do stupid things like this. I don't have any thoughts. Nothing. Why am I doing this? Is he mental?"（我在想什么？脑子里一片空白。这个老师很傻才会让我做这么傻的事。我什么想法也没有。一点儿也没有。为什么要我做这个？他脑子有病？）

这个方法可以帮助孩子将现实生活中不满的情绪表达出来，但是对于想到什么写什么的要求，孩子有这样的反应，还不算完成了无意识写作的任务。她应该要把想法用连贯的句子组织起来。刚开始，不需要要求她这么做，天马行空的思想更加有趣。下面这段是我以前一个叫皮特的学生写的：

Splurge. Thinking and pinking what is this happen fine numbers and toolies filching and cobblers is my middle name is there a path for arsenic squibble and two monkeys dancing on a cake and tank forth two men there is no tanks and football when there isn't any fine fire pathways and there is no fear fighting and dunking with a dairylea dunker this is in what is in my mind poor me.（炫耀。想

想再想想这是什么这几个数字不错偷工具库伯勒是我的教名,有没有渠道买到一点点砒霜两只在蛋糕上跳舞的猴子打败了两个人如果没有好的消防通道就没有坦克没有足球不怕战争也不怕和奶酪公司的球员扣篮这就是现在我脑子里想的东西可怜的我。)

这段话表现了人的思想如果不加以限制会有多么的混乱。如果缺乏严谨的条理,思想会漫无目的,出现最离奇的联想。无意识写作可以在你昏昏欲睡、快进入梦乡的时候,让你一下子清醒过来。此时脑子里出现的可能是一个新的想法、标题或者一些意象。

阿米蒂奇提出了"霓虹灯表达法"的概念。他的诗有个特点:总会有一两个词特别的深奥,与别的词不同;像单色画中突然出现的一抹彩色。如果孩子绞尽脑汁想要编出故事情景,那么无意识写作就会像泻药一样,让大脑排放出很多垃圾想法。将它们写出来,可能可以从中获取一些有用的想法。

同时,它也有助于孩子克服自我审查的习惯。很多孩子的写作会受情绪影响,害怕写错了。这种恐惧会让她无法动笔,甚至一个字也写不出来。无意识写作一定可以让他们立刻就能写得出字来;不仅如此,放手让他们去尝试,去打破束缚人的规则,写出沉博绝丽的文章也好,废话连篇的也好,又或者二者兼而有之;总之怎么样都好。教育中,让孩子学会接受失败是很重要的,因为我们可以在失败中学习。我在给学生灌输失败的乐趣时,常常会引用作家塞缪尔·贝克特的一句话:"Tried?

Failed? Try again. Fail again. Fail better."（努力过？失败了？没关系，接着努力。如果还失败，别失败得那么惨。）

短文（结构与布局）

每个人对文章的布局都有自己的看法。我有个大胆的想法：也许压根就没有一个统一的标准吧。否则为什么每所学校交上来的短文的布局都是五花八门，各不相同呢？

唯一的共同之处在于大家都采用"观点—证明—解释"的格局，简称为 PEE（point-evidence-explanation）。一些呆板的老师常常告诫学生在考试中一定要采取 PEE（音同"尿"这个单词）布局。起了这么个名字真无聊，不知道是哪个脑子有问题的人杜撰的；更可笑的是，还反复对全国各地的学生强调，听得他们耳朵都要起茧子了。我非常厌恶这个提法，我想把它叫做"想法—引证—评论"（idea-quote-comment），简称 IQC。虽然它不像 PEE 那样让你联想到尿尿，但其实它们只是叫法不同而已，道理是一样的。

这个道理就是既然用英语写短文，就没必要提出无法论证的想法。莎剧《奥赛罗》中的亚哥是个同性恋这个想法不错；但是如果后面没有补充说明，那么只能是无效的观点。孩子对一本书、一个人物、一个事件的看法都必须通过文中提及的内容来加以证明，通常采用直接引用原文的形式。如：

Iago is gay because, in attempting to convince Othello of Desdemona's infidelity, he says, "I lay with Cassio lately."

（亚哥是同性恋者，因为，在说服奥赛罗相信苔丝狄蒙娜的忠贞的时候，他是这么说的："最近我曾和凯西奥同榻。"）

引用了这么一句话（或者就是 PEE 中的证明），可以证明所提出的观点，但是还不够。光有这个，在 GCSE 考试中只能得 D，或者 C⁻。更多的分值在于能不能评点引文是如何证明你的想法的，或者解释证据是怎样支持观点的：

> As soldiers, Iago and Cassio may have had to sleep in a barracks, but Iago's testimony suggests that they were actually sleeping in the same bed. They are two of the highest-ranked officers in the Venetian army, and as such would have been the very last to be made to share a bed by circumstance. This suggests that it was of their own volition, and that they will have volunteered long before any of the lower ranks were able to suggest that they would share a bed. （作为士兵，亚哥和凯西奥也许在兵营里不得不睡在一处，但是亚哥的证言说明了他们真的睡在同一张床上。他们是威尼斯军队中的最高长官，他们不可能连自己的床都没有。这说明睡在一起是出于他们的意愿，他们会抢在下属之前表示他们俩要共用一张床，无需下属将床位让出来。）

就如何布局而言，我建议学生在引文的上下各留一行空白。他们一开始可能不明白。我画了一个小岛，让他们解释为什么引文像小岛。（因为要让它们位于大海的中心。）所以应该要这么写：

Iago is gay because, in attempting to convince Othello of Desdemona's infidelity, he says,

"I lay with Cassio lately."

(亚哥是同性恋者，因为，在说服奥赛罗相信苔丝狄蒙娜的忠贞的时候，他说：

"我最近和凯西奥同床共眠。")

作为士兵，亚哥和凯西奥也许在兵营里不得不睡在一处……完整的解释，评论引文是如何证明观点的，才是得分的关键。孩子只把脑子里想到的东西写下来，而不去说明对不对，那就毫无意义了。想法再好，如果只有想法，那么只能得 F 或者 G。老师评分主要看有没有适当的引文，特别要看孩子是否说明引用它的理由。

所有的老师都偏爱自己所教的学科，觉得它们很重要，但是我敢打赌他们一定不否认"读写是孩子在校学习中最重要的能力"。我是一个英语老师，所以我提供的多数的练习更侧重于与英语语言和文学有关的知识与技巧的学习。不过，本书"亲子练习"环节中的很多想法，你稍加思考后都可以运用到不同科目的学习中。如果你与孩子一起练习本章节中的练习，做完以后，她的写作一定会大有长进。这些技巧我在课堂上都——

用过了，效果是惊人的。

8年前，有两个立陶宛小女孩，罗伯塔和希吉在伦敦东区上学。每周一上午在我的课上，她们俩像两只怪兽，眼睛眨个不停，觉得自己好像被抛弃了。她们俩一个会说英语，另一个不会，她们都是犹太人。这些年来，我用了本章节中的许多技巧来教她们，观察她们一点一滴的进步，看着她们从不开化的"小怪兽"进化成了聪明的人。原先那个不会说英语的叫希吉的女孩，最近见到我时，送了我一首她自己写的诗：

A soul I am, composed of silent language,
Silent form, red blood, as warm as breath
Of thy face, and tears; almost drown thee.
For every word unspoken, I
Pass my time in darkening despair.
Hide my name, un-name my breath
And speak of air, in which I do not live
Then bring forth lies, deliver'd from thy sweetest lips
That speak from where the hell in heart begins
  and silent lies
    do not deserve
      a name;
       and if my name is gentle;
         they violently decay!

我本不语，一言不发，
流淌着温暖的血液，一如

我的呼吸,
我的眼泪,淹没了你。
有口难言,我
在绝望中挣扎。
藏起我的名字,不要叫出我的名字,
让我在空气中消失
谎言,从你甜蜜的嘴里说出,
　　源自内心深处。
　　　　无声的谎言,
　　　　　　不值一名,
　　　　　　　　若我谈吐优雅得体,
　　　　　　　　　　所有的谎言都将消退!

一切不言自明。

我不敢说希吉的才华都是我的功劳。是她天生的,但是花儿如果没有得到赞美也会忘了自己是鲜花而黯然失色。我很骄傲我曾经教过的学生能写出如此巧妙、富有激情的诗歌。按照本章节里的技巧来练习,你的孩子也会写出一样好的作品。

首先,你应该要鼓励孩子快乐阅读,并与她一起阅读。近来有关学习成绩的一个研究表明,学习不好的重要原因之一可能就是家里只有《日报》可读。看起来有点瞧不起这报纸(而要想为《日报》撰文没有具体的熟练的技巧可不行),但是,家里的书越多,孩子在学校里就越出色。故事类的书比非故事类的更好,特别适合男孩子,因为这些书能培养孩子的移情,这是

《吉尼斯世界纪录大全》做不到的。家长热爱读书,这一点也很重要。所以,以后你可以尽情地在沙发上读欲罢不能的小说了,如果孩子再没完没了地唤你们帮助他们做这做那的,你就告诉他们你已经在这么做了。

9. 综合运用七大方法

现在我们已经知道了所有可以参与到孩子教育中的新方法：也许你想知道他们主要的智能在哪方面，想了解他偏好的学习模式，以便提供适合他们的具体的帮助。我们知道了视觉刺激和身体动作的重要性。读完余下几个章节的内容，你会知道如何评价他们的工作，你也会知道为什么这有助于他们下一阶段的学习。现在的问题是：如何对待这种新方法？如何把它们结合起来才能帮助孩子取得好成绩？

关于孩子要花多少时间学习才能取得最佳效果，已经有诸多的研究了。我印象最深的是两个要素：一个是注意力，还有一个就是教学方法影响知识记忆的留存时间。

一些研究认为不论什么课，孩子能记住的只有开始 10 分钟和最后 10 分钟的内容。也许你要问了，既然如此，老师为什么还要上中间的课？学校里每节课大多是 45 分钟到 1 小时之间。如果学生只能记住头尾 10 分钟的内容，似乎一节课上 20 分钟

9．综合运用七大方法

就够了,但是这样的话,中学里就会出现学生进进出出,频频换教室的混乱场面。

如果孩子在家里学习,就不需要走来走去;除非你家里特别有钱,一般家里不会有很多廊道。因此,没有理由无谓地延长学习时间,以致超出有效学习时间。长时间拼命啃课本不一定能学到多少东西。多数时间孩子只是傻坐着,眼睛盯着书,不过是摆出学习的样子而已,并没有学进去。

丹尼尔·戈尔曼说,理想的学习状态是"沉浸状态"(flow state)。这是一种短暂的情绪状态。所有的运动员、演员、艺术家和水管工都追求这样的状态:完全沉浸在手头的工作之中,达到了忘我的境界,对工作以外的事情浑然不觉。运动员称之为"现场感"(being in the zone)。这种有意识的暂时忘我的境界对表演者很重要,对于学习中的孩子也同样重要。在情感智能中,戈尔曼说"沉浸状态"是"进入了完全陶醉的状态,专心致志地工作,思行合一"。

这种状态有两个问题:首先,要如何进入;其次,它是短暂的。这两个问题都可以通过自由的学习方法得以解决。最好在进入了状态之后再去学习。强迫自己进入"沉浸状态"会有反作用。也许有些条件也能产生有效的学习:孩子也许需要音乐的刺激,给他一些奖励,让学习更愉快。或者他喜欢明亮的光线和绝对安静的环境(这样的话,让他住到别处去)。只要有可能让他进入"沉浸状态",就要尽可能满足他的种种喜好。

因为这种状态是暂时性的，所以要让他中途休息几次。如果头尾 10 分钟最能记住东西，那么要让孩子速战速决。这样他可以进入效果最佳的沉浸状态，在效率降低的时候则休息。有时候，滴水穿石才是最好的方法。孩子休息好了，重新提起精神了，就要马上回来学习。

如果孩子在复习，你想帮助他提高效率，可以提醒他休息时间。不要让他一直坐在电脑前登陆"我的空间"而不去学习；这样他会忘记时间，忘了学习。每 25 分钟给他喝点什么或者吃些点心，让他彻底地休息，但不要坐在电视机前看完一整集的《伤亡》(Casualty)。休息的意义在于休息之后头脑恢复清醒。要想头脑清醒地从头开始，你要先暂停，再开始。

一般说来，随着年级的升高，孩子的作业量也增加了。一些小学根本就没有家庭作业。现在情况发生了变化，因为家长已经意识到，早期介入孩子的学习是孩子学习成绩的一个重要保证；早期布置家庭作业可以先入为主地让孩子接受家长的介入。等他们上了中学，各科目的老师每周至少布置一次作业，也许数学、英语和科学还会有两次。每份作业要花半小时完成。这非常好，因为孩子可以学着把工作分隔成更容易实现的若干部分。等他们 13 岁升到 9 年级了，可以一个晚上完成两小时的作业；等到要考 GCSE 考试的时候，已经习惯了每天学习 2.5~3 个小时了。我一直觉得时间有些长了，孩子应该有玩的时间，有时间放松、看看电视。但是因为学校的排名问题，每个学校都非常关注学生的成绩。由于认真完成的家庭作业是提高成绩的主要手段之一，所以学校就非常希望学生能多做作业（显然这有悖于教育的另一个主要任务，即培养全面的、快乐的、有用的人）。

另一种针对各种学习类型效率的研究，我想应该会深受老师的欢迎。显然，通过读，人们只会记 10％ 的内容，通过听，会记住 20％。如果可以让他们看，他们就会记住 30％，如果又能看又能听，那么记住的就会有 50％。

有人说听课是效果最差的学习手段。老师只有 4 分钟的时间留住学生的注意力，剩下的时间，学生们都在开小差。特别好的老师可能有 7 分钟的时间，但是不论他们多好，学生记住的内容只有很小一部分。这就是为什么没完没了地说教起不了作用的一个原因吧。他说："不，我不想捡起来。家里的活你都该做。你捡。"当你滔滔不绝地教育他的时候，他的心却已到了西班牙沙滩上，正和某个美女一起打沙排呢。

我们来画一座金字塔说明如何吸引孩子的注意力和知识掌握的情况。如果听课处在塔底的话，那么教学处在塔尖就会让人感到很奇怪了。给别人上课是让我们记住知识的最有效的方法。在家里完全可以实现。孩子学习完后，让他给你上 5 分钟的课，讲讲他刚学的东西，这样他才会牢牢记住这些东西，就像老奶奶染发后要用定型液，这样下雨的时候蓝色的染发剂不会被冲淡流到脖子上。

在这个过程中，很重要的一点就是不要放过没讲清楚的东西。多问几个对他（甚至对你）来说显得很愚蠢的问题。让孩子详细解释他所讲的东西，可以加快他的认知过程，提高捕捉信息和用文字或口头表达的能力。他也许会变得很自负，甚至认为你有点蠢；但是为了他日后不用去卖汉堡，你暂时装装傻，让他轻松回答你设计的问题也是值得的。

学习安排

政府建议老师每节课分为 4 个部分，包括以下内容：预备，引导，自学，总结。"预备"（starter）实际上就是教育界中所谓的"认知启动"（engaging cognition）。换句话说，它可以唤醒大脑，让它活跃起来，准备接受新知识。"引导"（guided）就是老师的教学部分。之后，学生们带着老师指导的内容进行"自主学习"（independent）。最后总结（plenary），通过总结来巩固本节课的内容。

无疑，这种教学安排的方法是世界最伟大的几个教育家多年来对理想的学习体验研究的结果，所以我现在还在使用。有趣的是这个模式可以运用到你为孩子安排的任何一种学习计划中。

在学校的每一节课上，预备环节大约占 10 分钟，你指导他们学习 10 分钟，然后让他们用 30 分钟自主学习，最后给他们 10 分钟时间总结。这非常简单，而且看起来安排得非常好，但是要知道对于一些孩子来说 30 分钟太长了，他们无法专注于一件事，而且每个孩子的需要各不相同。我希望你们都明白这个道理——真正起作用的是不论孩子学什么都不要仅仅依赖一种方法。如果想要孩子最大限度地发挥自己的能力，获取并且记住新知识，你应该给予适当的辅导，而不是用手指敲敲书说:"读一小时。"这样他几乎什么也学不到。

预备

预备就是给孩子的大脑做准备活动以完成接下来的任务。可以做简单的拼写测验,测试即将要学的主要词汇和短语。但是由于预备的主要目的是让神经元活跃起来启动认知,所以不必一定要和内容有关,甚至不必有特别的教育目的。我发现让孩子抄写歌词是让孩子进入学习状态的好方法。做 10 分钟的拼字游戏,或者小吊人游戏[42](从要学的内容中选一个词),效果也是一样的。

也可以结合以前的学习内容。对上周学过的内容做个小测试,大脑就得工作起来,通过回忆牢记学习内容。如果之后马上学以致用,那么就会永远记住。如果不马上运用,那就会永远忘记。

引导

孩子完成了预备活动之后,必须告诉他们接下来要学什么。在学校里,这个过程叫做"设定目标"(setting objectives)。所有的老师都在白板上用彩色大写字母写下"课程目标"(LESSON OBJECTIVES)几个字。我并不想在课堂上用这教学术语。为什么要对学生们用"目标"这样一个术语呢?"你的目标是什么?"这听起来像《星际迷航》的台词:"我的目标是 5 年内发现新大陆和新的人类文明。"

学生们必须回答得出教育标准局(OFSTED)的专员们问的关

于课程目标的问题。有一次我听到我的一个学生和教育标准局专员的对话：

——课程目标是什么，年轻人？
——就是老师写在白板上的东西，让我们抄下来，算是预备练习了，老师不想准备别的练习了。
——不是这个，目标是什么？
——我告诉你了，就是那个……老师……写在白板上的……喂，你哪儿来的啊？这也不懂。

"今天你们学了什么了？"换种问法，就能得到满意的回答："哦，我们学了地质板块构造论、弓形湖还有弗吉尼亚·伍尔芙诗中的灯塔的象征意义，还有福斯特（Forster）的《印度之旅》里的山洞的象征意义。不过，我想您是想了解别的情况吧。"

先不提目标，你可以和孩子讨论他认为自己需要学什么东西。最理想的方法就是读一读老师对他作业的评语。不过，孩子很有可能已经知道他哪一个科目落后，他会主动地、婉转地告诉你。

一起看看他最近做的那个学科的作业，看能否一起找出他需要学什么。找到后，让他用口头表述出来，再写到纸上。这个简单的方法就是教育家们所谓的"元认知"（meta-cognition），即对学习过程的思考，了解并能明确地表达出要学的内容。这样让他明白学习的目的，知道自己处在学习过程中，并且最终一定会掌握某些知识。也许你会发现,他后来竟然会用莎翁的五步抑扬格来解答复杂的代数计算,或者刷完牙后会清洁一下水槽。无论是简单的还是复杂的知识,你都要明确地告诉他。这样孩子才可以在学完之后问自己一个简单的问题:该学的我都学会了吗?明确了他要学的内容,你就可以开始指导了。

在学校里,在这个环节中,老师会站在教室的前面,通过白板这个辅助手段积极地进行教学。坦率地说,如果让你站在家里,面对着孩子挥舞彩色的记号笔,做各种手势,生动地谈论地貌学,确实够傻的。而且电子白板太大了,太贵了,不适合在家里安装,效果也不好。

但是,如果你用实例向他解释就不会显得那么可笑了。我举一个例子,我记得普通水平考试(O-level)物理卷中有一个潜热能问题,指的是达到一定热度的时候,物质需要经过所谓的"状态变化"(从冰到水,从水到蒸汽等等)。如果家长带孩子到厨房,从冰箱里取一块冰,记下冰融化成水所需的时间,然后再将水煮沸,那么她一定会非常兴奋,并且能完全掌握这个新的知识点。

我一直认为突出新的学习内容中的新词汇或者关键词是一个好办法。在学校里,关键词很受欢迎。在我看来,给学生们解释生词,可以丰富他们的词汇,提高他们的表达能力,而且还能丰富他们的人生体验,应当是教学的基本内容之一,但是注意:关键词必须要新。比如"水桶"就不能算是一个关键词。不知有多少科学老师把"水桶"一词当作关键词。孩子在课上要掌握的必须是新的，高级的，专业性的词汇。不需要告诉 11 岁的孩子什么是水桶，他们早就知道了，连我最小的儿子罗也知道水桶是什么。他还能用漂亮的伦敦音来读这个单词。大家在一岁半的时候就知道了可以把桶套在头上，或者往里面尿尿，不会弄脏地毯（妈妈会夸你聪明）。

找出了与主题有关的三四个新词，用有趣而可行的方式来解释这些词，即在实践中教他们新的知识，让这些知识有了具体的名称。

也许在指导学习环节中，你会使用互联网查询。互联网是非常好的研究工具，是世界上最大最详细的百科全书，但是要防止孩子大段大段地从网上复制资料，当作作业交上去。这么做孩子什么也不可能学到，而且还侮辱了老师的智慧，以为可以侥幸骗得过老师。同样，如果你帮他们做作业也是如此。有的老师非常聪明，如果一个学生在课上连逗号怎么用都不知道，交上来的作业却能用文科硕士生的语言分析得头头是道，那一定会引起老师的注意。

我曾经有一些得 A^+ 的学生想蒙混过关。我们坐下来聊天，我说他们非常聪明，为什么要让我读一些科学家的作品呢？身为老师就是想知道年轻人新颖独特的想法，而不是那些高高在上的学术理论。谈完之后，我们把抄来的作业扔到了垃圾桶里。一些学校可能会听之任之，所以要当心。把从互联网上抄来的东西交上去，也许最后会在某些情况下永远失去别人的信任。保守党议员鲍里斯·约翰逊曾经在《卫报》的专栏里撰文，承认自己曾经有剽窃行为。这里我想引用他的原话："25 年前，我的确曾经剽窃过他人作品。对此我有三个感受：内心不得安宁、这么做没有好处、对自己感到失望。我当时那么做是想引起别人的注意。我觉得非常羞愧，特别是图书管理程序将我们两篇文章放在一起，更是让我无地自容。"

如果孩子想借用互联网的资料，他必须要做修改。最好就是打印出从各处搜集来的资料，读完之后做笔记，然后将原稿扔到垃圾桶里，休息一下。之后，再用自己的话写出他所记得的内容，不能引用原稿。这样才能保证他做了有效的研究。

自主学习
在这一环节中，孩子要完成与你所示范或你们一起研究过的内容相关的一些练习。这时候，老师会发很多工作表，学生要静静地完成（老师希望如此吧）；在家里，就是让孩子独立完成布置给他的作业。

自主学习的收获一定比别人教的有价值得多。因为学习者的积极参与，才使得学习更有效率。他们可能因此学到了上大学所需的独立自主的学习能力。站在学生面前教学比坐着看学生完成没完没了的工作表更辛苦，所以老师会一直找借口坐下来。也许这说明了老师为什么要延长独立学习的时间；也许这样的学习安排有助于让学生进入沉浸状态，给他们足够的时间进入那种状态。

这时候，家长最好离开。在老板密切监督之下，再好的打字员也会紧张的，对于孩子也一样。你可以到另一个房间去，一样可以回答他们各种奇怪的问题。每五分钟就检查一次反而起反作用，好像是你帮他做作业。这不是你的作业，你不用考试。如果你越俎代庖，孩子什么也学不到。

一般说来，写作最能巩固孩子在指导学习中所学的内容了。孩子不仅可以激发想象力回顾刚才所学的内容，而且练习写作是提高想象力的最佳方法。给他们的写作任务可以是让他们自由想象的："写一则幽默故事讲述第一个发现潜热能的科学家是如何发现潜热能的。"允许他们用舞台对话的形式来写，也可以用日记或者日志的形式表达；可以用诗歌体，可以用第一或第三人称，可以用任何时态。在给孩子布置自主学习的任务、要求他们继续钻研已掌握的知识的时候，这就要看布置任务的人有无足够的想象力了。

如果你觉得孩子还不得要领，你可以设置额外的任务。可以是视觉、运动、数学或者音乐方面；你甚至可以让他设计一种舞蹈来解释潜热能，或者设计一个模型来说明用纸箱怎么表现。这些都是教学的乐趣所在（当然还有与孩子在一起时单纯的乐趣，以及看着他们进步的乐趣）：它要求孩子们想象，越是要他们大胆想象的、甚至是荒谬的任务，就越能让孩子记住所学的知识。

当然，你可以从网上下载许多包括无聊问题的工作表。但是，如果你真的很关心孩子的教育，买了这本书，读到了这里，你一定也希望与他一起学习可以强健他的身心，给他快乐的感觉。

总结

几年前,我为一本教学杂志撰写了一篇关于课堂总结的文章,稿酬甚微。在写稿子的时候,我的太太问我在干什么。"在写一篇关于课堂总结的文章。"我回答。"到底这课堂总结是什么啊?"比德尔太太大声地说,认为这一定是一个无聊的教育术语。我说她是对的,这的确是无聊的教育术语。我耐心地解释道,这是指老师在下课前 10 分钟必须总结教学内容,这样学生才会牢记。她说:"哦,用指甲油来结束一节课。"我觉得她概括得非常巧妙。

但是,指甲油一会儿就能着色,而课堂总结要整整 10 分钟的时间。很多老师不想做全班总结(除非教育标准局专员坐在教室后面打分)。通常,课上到了那个时候,老师们都已经筋疲力尽了,就想让学生们自己安静地做作业、等下课铃响,因为这不费什么气力,不要让他们再拿起工具开始新的活动。如果他们愿意的话,课堂总结往往可以简单地问学生们今天学了什么东西。不过很有可能会出现你意想不到的情况,因为他们很有可能会说,"什么也没学到。你什么也没教我们,从来也不改我们的作业,也不布置作业。你一连 3 天都穿同样的外套。"

很显然,教完课后,如果知识没有得到巩固,到了晚上就忘光光了,这么上课没有意义。课堂总结的理论依据是要让大脑检索出已经留存在记忆里的信息。如果孩子要在帮助下才能提取回知识,这不要紧;过程才是重要的。大脑回忆的过程才是保存记忆的理想状态。在家里，判断孩子是否记住了所学的知识，方法之一就是务必在结束前做个总结。

我在引言部分曾经提到过教育家大卫·基林。我常常在课上使用他提出的课堂总结方法，没有经过他的许可，算是剽窃吧。让孩子从1~20中选一个数字，以这个数字为字数写一句话总结课上所学的东西，非常有趣而且有挑战性。

可是，这花不了10分钟的时间，还有其他的一些方法也有很好的效果。你可以让孩子画一幅画或者思维导图（见第5章）来总结学习内容，完成后，让他看着图完整地说出来。教，是巩固知识的最好方法。所以我最喜欢的方法就是给孩子5分钟的时间准备一堂迷你课，然后用剩下的5分钟时间让他当老师，把他学到的东西教给你或者他的小伙伴或者他的兄弟姐妹。在这过程中，不妨问一些问题，给他一种权威感。他一定喜欢这个超越你的机会，而同时他也巩固了学到的知识。

其他安排

很多老师觉得四步教学法很有局限性，而我认为这是尝试更有趣的内容的基本环节。真正的局限性在于制定计划的你有没有足够的想象力。

当然，如果课上活动越多，这节课就越好。因此我非常反对政府的做法：它要求所有老师都必须遵照四步教学法。好的老师能带来更刺激的学习体验，设计得更巧妙，更全面。如果规定他们必须坚持四步教学法，那真是得不偿失。

教育并不复杂。愿意投入教育的人都掌握了必要的知识，不需要专门读 4 年大学去学有关技巧，这些技巧完全可以通过读书获得。

家长不如老师的地方在于缺乏处理 30 个孩子之间的关系和保持纪律的能力。这种能力很特殊也很复杂，需要在多年的实践中获得（你如果能坚持那么久，精神不会崩溃，不会跑回家找妈妈哭诉，你可以不用感谢老师）。你应该尊重你孩子的老师，他们坚持下来了。说到这里，你没有理由不参与孩子的教育。多多少少知道些教育方法，不仅可以帮助他取得应有的成绩，而且更重要的是让他终身感受到学习的乐趣。

一个智者曾经说过，人生的主要悲剧莫过于"越活越糊涂"（Every man is born a genius and dies a fool）。我们小时候非常聪明，富有创造力。成长的压力剥夺了我们的这些能力。近来有研究表明，大约 98％的儿童上幼儿园小班的时候有着天才般的创造力；而从学校毕业的时候这个比例降到了 2％。出现这种情况的原因很值得研究。是因为学校考试的压力，还是小小年纪就追求正确答案和正确的方法（没有正确的答案），还是仅仅因为学校学的东西让孩子失去了想象力？简直太可悲了。与孩子一起学习吧，与他们共欢笑，帮助他们在笑声中学习，是你能给孩子最好的礼物了，这不啻于教会他们爱与被爱。

10. 关键阶段、考试和评价

重要阶段与考试

有些人可能不太了解英国的教育体制，我简单说明一下。英国的教育体制分为 4 个阶段（如果你把 A-level 高级水平考试也算进去的话，就是 5 个），每一个阶段都是"重要"的，但是有的更"重要"些。孩子在第 2 和第 3 阶段参加 SAT 考试（标准评估考试），这是最近才规定的。但对第 3 阶段的 SAT 考试问题，老师们颇有争议，很多老师认为学生的考试压力太大了。

关于主次和重要性问题，孩子们很困惑（家长就更不用说了）。在 9 月开学大会上，学年组长㊸在每年的讲话中都会说同样的话："这是你们一生中最关键的一年。"我听到有人小声地说：

"哦，我以为去年是我们一生中最关键的一年。"

"不，今年才是。"

关键阶段	年龄	年级	学校	面临的考试	后果
1	5~7	1, 2	幼儿园	教师评估的测试,包括阅读、写作和数学	不会造成长期恶劣影响。考试的目的在于检查是否能达到预期的标准,防止出现严重的问题。
2	7~11	3, 4, 5, 6	小学	该阶段标准化考试(SAT):英语、数学、科学	没有实质的恶果,除非你选择读某所中学;这样的话,考试结果就非常重要了。这关系到这些学校会如何评价你。
3	11~14	7, 8, 9	中学一、二、三年级	该阶段标准化考试 SAT	学校根据四阶段能力要求来分班,如果名次低,就有可能分到较差老师的班上。
4	14~16	10, 11	中学四、五年级	中考(GCSE)或者普通国家职业资格考试(GNVQ)	如果有五门课不能以 A^+~C 之间的分数通过的话,就不能参加大学入学考试。大学要求有五门成绩必须是 A^+~C 的成绩。
5	16~18	12, 13		大学入学考试(A-level)或者职业证书考试	跟不上课程或者上不了喜欢的大学。

"明年是不是呢?"

"也是吧。"

"哇,他们骗我们。老师为什么要骗我们啊?天哪!"

事实上,有些学年的确更关键。成绩不理想的后果有的可以忽略不计,有的则会影响终生。

这里发生了关键性的改变。小学到中学的过渡给一些孩子造成了极大的思想负担。他们的小学可能要上7年。他们认识全校每个同学,而任课老师只有一个,负责所有的课程。到了中学,则是一个老师教一门课。身体上,他们从小学里最高大的变成了中学里最矮小的。假如是你,就会明白这一点对他们有多大的影响。

第3阶段进步缓慢,让人担心。针对考试,校长给各个年级分配资金的时候是这么安排的:最重要的是9、11两个年级(都要考试),其次是10年级(GCSE普通中等教育证书考试课程)、7年级(入门);8年级没什么事,可以算是最不重要的。也就是说8年级的孩子极有可能会误入歧途,迷失方向。这一年要特别留心孩子的表现,可能就是在这一年,她决定要不要继续上学。因为这一年她最不受关注,因此难以挽回的后果可能就在不知不觉中产生了。

评价
如果老师一直都不改学生的作业,那么孩子的学习,特别是写作就不可能提高。好的老师应该对孩子上交的每一份作业都做出正面的、具体的、有价值的反馈。

学校对学生的学习成绩有两种评定方法：终结性评价和形成性评价。

终结性评价
终结性评价很好理解：老师出一份考卷给学生做；老师打分，在分数本上登记分数（现在常用电子数据表格）。终结性评价让孩子和家长知道她这一科目处于什么水平。很明显，大学入学考试（A-level），普通中学教育证书考试（GCSE）、学术能力评估考试（SAT）都属于终结性评价。它们总结性地评价了学生某一科目的成绩和她在这个年龄段所处的水平。

到 9 年级为止，孩子成绩单上的级别是国家课程达标考试的级别（National Curriculum Attainment，简称 NCAT），这是全国标准化考试。哈林盖区 4 级水平的学生在赫尔区（Hull）也是 4 级水平。级别评定很复杂，可能比较模糊，基本上本着"就低不就高"原则。如果孩子写作达到 5 级，而其他多数科目只在 4 级，那么她的级别就是 4 级。

近几年出现了次级（sub-level），级数后面加了个字母。a 为最高级，c 为最低级，更具体地说明了孩子在这一级别中的水平。如果孩子某一科目的成绩是 4a，说明她很接近 5 级的水平了，而 4c 就差得很远了。大致上说，需要 3 年左右的时间才能升一级，这令人很灰心。父母往往不理解需要多少时间才能升一级,认为如果两年了还在同一个级别,孩子就没有进步。次级可以体现孩子在同一级别中的进步,这样家长就不会认为对孩子的教育没有效果了。

如果分数是由老师评定的话,情况就复杂了。这么说吧,老师往往会弄虚作假。老师评定的级别常常是不可靠的。老师想让家长看到在他的指导下孩子取得了进步,所以分数会打得过高。因为级别评定很复杂,缺乏经验的老师常常凭空捏造一个分数作为孩子的成绩。所以如果是新老师打的成绩,家长要特别注意。这并非质疑他们的职业操守。新老师的活力和乐观是老教师的榜样,不过我是用了几年的时间才真正掌握该如何给学生评级。

工作了几年之后,老师们就会抛弃繁杂的评级程序,用自己简单的方法为孩子的作文评级了。我是这么做的:

1 级——一个句子也不会写。
2 级——能写一个句子。
3 级——能写几个句子,偶尔使用逗号,但是用得不对。
4 级——能准确地使用逗号。
5 级——较好;能准确使用逗号和其他标点。
6 级——非常好;起句有变化,有长句也有短句;会使用所有的标点符号和连词。
7 级——青出于蓝,风格鲜明,文字流畅;会正确使用冒号和分号。

这么说吧，只要孩子在 10 年级和 11 年级的时候不吸毒不抢劫，11 岁的时候达到了如下考试水平，那么到了 14 岁和 16 岁的时候，他的级别和 GCSE 成绩就会是这样的：

11 岁时的成绩 （小学标准评估考试）	14 岁时的成绩预测 （中学 SAT）	16 岁时的成绩预测 （GCSE）
	优异成绩	A*
	7	A
5	6	B
4	5	C
3	4	D
2*	3	E
1*	2*	F
	1*	G
		U

*表示在 SAT 考试中成绩低于 3 级，没有分数。

如果在 SAT 考试中，孩子的成绩低于 3 级，那么她就没有分数。师生们追求的是重大考试的成绩。一般认为，孩子到 11 岁的时候，各科成绩，特别是英语应该达到 4 级水平；中学 SAT 考试达到 5 级，GCSE 达到 C。官方的学校排名位次表看的是某个年级学生的 5 门课 A⁺～C 的比例。只有达到这些成绩，孩子才能通过 A-level 高级考试，才能考入大学。

如果孩子到了 14 岁，数学、科学和英语都能达到 5 级，她 GCSE 考试的成绩应该不错，你可以放心了。如果在这个阶段，她还处在三四级水平，那么她要特别努力，甚至要改变学习方法才能在 GCSE 考试中以 C 的成绩通过。

准确的评价需要多年的职业经验。但是，不应该就评分的问题与老师争执，毕竟他比你知道得更清楚。还有，如果你真的关心孩子在班上的成绩，你应该多和老师沟通，老师会非常高兴的，会告诉你帮助孩子提高成绩所需设定的目标和计划。

形成性评价
形成性评价就是对学生的表现提出建设性的反馈。无须打分，不需要多年的经验来测评。比起终结性评价，这种方式更有教育参考价值。

形成性评价就是要告诉孩子哪些做得好，哪些需要改进。这很简单，但是也最容易被忽视；因为老师的压力太大了，要批改大量的作业。如果没有备课，老师要遭受严厉的处罚；但是如果几个星期不改作业，他不会受到任何处罚。如果教育标准局资深的管理人员要来听课的话，他才赶紧把没改的作业给改了。这对学生毫无益处，因为没有按时、认真地批改他们的作业，学生们失去了循序渐进地获得新知识的过程，会对老师产生意料不到的恶劣影响。教育标准局的专员走进教室的时候，某个多嘴的学生会喊出来："天哪，老师，你竟然改了我们的作业了！他改了我们每个人的作业了！两年来还是头一回！"这可不是熬了 3 个晚上不睡觉补改作业该有的回报啊。

形成性评价有益于孩子的教育，所以你可以在家里尝试一下。

孩子也许不喜欢你介入他的学习，但是你要坚持，因为这是她成功的关键。父母的兴趣和投入关系到孩子成绩的好坏。父母的意见和老师的意见一样有价值，不过要注意尺度。实际上，家长给孩子打分会让她的老师不安甚至愤怒，所以最好采取口头反馈的形式。

有益的评价需要敏锐的观察力。你应该对他的功课持正面鼓励的态度，但是不能让孩子误以为错误可以忽略不计，你该把他的每个拼写错误和每次没有完成的发言记下来。

有些老师认为用红笔画出错误，会让学生觉得自己全做错了，因而情绪低落。也有一些老师不用红笔批改，而用绿笔或者铅笔代替。每天都有很多老师为这个不相干的事情争论得面红耳赤，但是，事实上严格的批改并不会让学生不快。真正让他们不快、不愿意用功的原因是写好了作业却没人看、没人愿意做出评价。无论怎么样都不能忽略孩子的拼写错误。如果你把"separate"拼成"seperate"却没有人去改它，你会继续认为"seperate"是正确的拼法。如果不断地告诉你这个单词有两个"e"，两个"a"，你会慢慢记住的。所以好的老师至少在第一段中会修改每一个单词，但是，如果每两个单词就错一个，好的老师也会酌情处理了。这时候就没必要逐一改了，因为这个学生显然存在严重的学习障碍，老师应该慎重地处理这种情况。

老师检查孩子功课的时候会发现问题，好的坏的都有。在作文结束的空白处，他会写一些形成性的评论。一般多以正面的为主,但是要提出两三个需要改进的地方。时间允许的话,评论可以写得长一些。学生会以评语的长短来看老师是不是认真地看了他们的作业。评语写得长,但不要说废话,说明老师认真地对待了学生和学生的作业;简短的评语在学生看来,是老师不在意她写了什么;那些喜欢打个大钩,在下面写"非常好"的老师,一点儿也不关心学生的进步。

教育并不神秘,靠的是努力而不是灵感。认真负责地坚持批改作业是帮助孩子进步的唯一重要的方法了。

如果你在看孩子作业,想给她一些口头上的意见,最好准备一支笔和一张纸。在读的过程中,如果你注意到了什么问题,就马上写下来。不要等到全部读完了再来写,因为等你都读完了,你会忘了哪些地方需要修改。如果你所发现的是好的一面,那再好不过了:你可以这么说:"好极了,逗号用得很好。""我喜欢那段流浪汉一屁股坐上去时,对自行车坐垫表情的描写。"如果你发现哪些地方她需要改进,那就给她一个目标,并让她在学习计划书上写下来。

严肃、专业的评语应该这么写:

> 棒极了。"夹杂着各种味道的球状气泡落到了坐垫上,它皱着眉头发出阵阵哀嚎。"描写得十分生动。你运用了富有想象力的形容词,激发了读者各个感官。很少有人能在文章中用到嗅觉功能,而你做到了,这段话写得太精彩了。

目标——在以后的写作中：
1. 记住在"但是"前面要用逗号。
2. 起句要有变化。
3. 一个句子中尽量不要重复使用相同的词。

其中隐藏的心理学道理相当简单。先表扬，老师让孩子更放松，情绪上更愉悦。他们高兴了，就更容易接受你希望她能改进的地方。这些目标要尽可能写得具体些，围绕着如何提高写作的方法。只在意表达形式的老师要么不知所云，要么就是水平有限。

下一步，老师要检查学生是否达到了你上次提出的目标。如果还没有做到，老师应该再次提到这些目标。如果做到了，老师应该要指出来并表扬她。

教育是循序渐进的过程。我们有了一定的基础，慢慢地前进，也许需要很长的时间。知识是一点一滴积累起来的，但是这些点点滴滴让我们有了不同程度的进步。如果你发现孩子完成了老师的一个目标，向前迈了一小步，她有理由为自己骄傲，就要祝贺她，告诉她做得好极了，奖励她一个小礼物。

学习评价

我认为，"学习评价"的本质在于必须知道孩子哪方面知识有漏洞，否则无从教起。我为《卫报》撰写的文章中最喜欢的一句是："傻瓜都会想出 5 步法教案（离教室 5 步之内就能想好），但是了解学生和他们的需要的老师，才有点石成金的魔力。"我想成为这样的老师。通过形成性评价，老师可以拥有这样的魔力，也能够让感兴趣的家长拥有这样的魔力。

如果你常常陪孩子学习，你要告诉她哪里做得好，哪些地方很特别；指出不足的地方，正面地提出来，你也会拥有点石成金的魔力。坚持关心孩子的学习，不仅会提高她的积极性，让她努力做得更好，而且会影响她对工作和创造力的看法。如果一个人从小就知道只要积极努力了就会得到父母的肯定和祝贺，那么她就会一直努力下去；毕竟，他们是我们生命中最重要的人。记住了积极工作会带来快乐，那么幸福也就不远了。

11. 复习与应试技巧

到了 11 年级，孩子就该 16 岁了。夏季期中放假几个星期后，孩子又呆在了家里，他们的时间太多了。有一个奇怪的现象：在温书假期间，他们在家无所事事，把家里弄得乱七八糟。父母也觉得奇怪，原来一直在学习的孩子怎么半天的时间都耗在床上；如果孩子上的是私立学校，你会觉得白花了这段时间的钱。的确如此。

温书假是备考时间，你至少会这么想吧。也许有其他的原因。对 11 年级的学生来说最后半学期的在校时间很难挨。如果不是 6 年制，他们 5 年后就要离开带给他们安全舒适的学校和老师了。马上要离开这样的安定环境，这些孩子的情绪波动很大，这很危险。不善于控制情绪的学生会做出出乎意料的举动。一般说来有一半的学生会完全失控，给老师带来无法言状的痛苦，这种痛苦会持续到全年级的学生都毕业了，全部离校了才结束。老师们虽然舍不得他们离开，但还是会由衷地松了一口气。

16岁的孩子在温书假期间应该要复习功课。与考试一样,有效复习的关键在于合理地安排时间。到了复习、考试时,你会觉得时间就像生命,永远不够用。

有效的复习

时间安排

温书假的第一个上午,学生们应该制定一个详细的复习时间表。注明每天复习的时间量,周末休息一天。设计好了计划之后,要征得家长的同意。这样,如果他不坐在桌子前用功,你会知道他是在照你同意的时间表在休息。

至于复习的量,每天应该至少复习3门课,包括喜欢的和不喜欢的科目,这样他不用一整天复习吃力的科目。

好的复习时间表应该是这样的:

时间	上午	下午	晚上
周日	数学:练习1~9。	英语(语言学):复习"议论文的标准",做模拟考卷。妈妈改。	科学:再读练习册,突出要点。列出薄弱的问题。

周一	法语：写一篇关于假期的短文；注意用不规则动词，大声读出来，准备口头陈述。	社会学：用意识卡片复习（见第4章）；从不同角度看待马克思、恩格斯总结，把握重点；制作总结卡片。	地理：绘制彩色的气候系统和水循环图。
周二	英语（文学）：朗读《老鼠与人》第一和最后章节，录下来，睡前听。	历史：做二战的思维导图（见第5章）。	数学练习：10～18。听《老鼠与人》朗读录音。
周三	英语（语言学）：再看一遍周日模拟考卷的答案和妈妈的评语；写改进目标；再做一题给妈妈看。	科学：用思维导图解决第一个薄弱问题；测验关键词。	法语：复习过去完成时和现在完成时，和爸爸做七嘴八舌游戏；尝试用法语编故事（详见第3章）。
周四	社会学：重读伯恩斯坦的标签理论，抓主要概念；用标示画儿童发展图。	地理：用诗歌形式表现地貌学图表；用关键词写成一首歌；围绕有关知识给弟弟上一节课。	英语（文学）：画出西蒙·阿米蒂奇与卡罗尔·安达菲的诗歌意境，贴在画板上，做连线。
周五	历史：用时间轴列出可能导致弗朗兹·费迪南遇刺的主要事件。	打保龄球。	科学：复习"光合作用"，制作复习卡片。
周六	休息	休息	休息

这只是一周的复习计划。一般温书假的长度大约 1 个月。安排合理，孩子也能坚持的话，他在这个时期的复习一定很有效率。

一天中，在某些时间段学习比较轻松。很多人觉得早上的学习效率最高。设计复习计划的时候，孩子要记住这一点，把更难的、需要更多精力的功课安排在效率最高的时间段里。

有的科目复习内容比较多。不过，数学老师常常说：数学没什么好复习的。数学是能力培养的过程，不需要死记硬背。如果孩子已经做了数学练习，动了头脑，就没有必要去读数学课本了。

千万不要忘了：在这个时期，投入复习的不仅是头脑，还有身体。为了保持正常的水合作用㊽，合理的睡眠和饮食非常重要。完全没必要拼命地复习，那是糟蹋身体：到了考试的时候，孩子会由于缺乏睡眠和食物而形容枯槁，呆若木鸡，记了再多的东西又有什么用呢？考试的那天上午，一定要保证孩子吃上可口的早餐，喝大量的水，（有证据表明，考试那天上午吃几根香蕉，对大脑特别有好处，）可以让大脑进入最佳状态，发挥最高水平。

然而，关于复习，最重要的还是要严格执行复习计划。如果孩子坚持不了，惊慌失措，你就必须干预了。延迟复习计划也比完全不复习好得多。家长必须镇静。焦虑害怕只会让他情绪紧张，到时候，除了写名字就什么也写不出来了。我见过很多出现这样状况的,其中甚至有最优秀的学生,非常不幸。无论如何,务必告诉他尽力就好了,成绩怎样没关系,无论考试结果怎样,你都一样爱他。

复习技巧

也许你还记得自己小时候,面对一本书感到非常厌烦,希望能看得进去,但是书和大脑之间好像有一堵无形的墙,怎么都记不住。这时候就需要以下的复习攻略了。这些与课文有直接联系的活动可以帮你架设一座桥梁,让你记住书本的知识。

光靠读不是最有效的学习方法,能记住的东西很少。手里要是没有具体的东西,日后复习会很有难度,时间久了就忘得差不多了。边读边动手会记得更牢。从大段的话中概括要点也是很好的练习。有些练习需要复印,不然要花太多的时间去抄写,不是太为难父母了吗?——这就像让流浪汉既要拿得出闲钱,又用得起暖炉,还会讨美人的欢心——难度太大了。

记笔记

大家都明白要边读边记笔记,但是要做到这一点却不容易,因为学生们有时会受到原文观点的限制。记好笔记有个窍门:从无序到有序。

需要记的是想法。要是你花很多时间把第一个想法写得工工整整,那么第二个想法可能就没了,而它可能比之前的那个想法更好。不必绞尽脑汁去想出全天下最有创意的想法。对自己说:"我要在'万恶的种族主义'下划3条线,再用荧光笔和红笔把它写下来。"我们脑子里的想法稍纵即逝，如果没有及时用笔记捕捉住，它们马上就会消失了。所以孩子一开始记笔记的时候，一定不要太纠结于原文的表达方式。过于注意表达方式是潜意识自我审查的表现：再好也不敢写了。

然而，认真读完了原文，也记下了自己的想法和感受，但是他会发现，纸上鬼画符似的写满了谁也看不懂的东西。怎么办？让他休息几分钟，然后再回来，将他的奇思妙想整理成他看得懂的东西。制表或者分段法都能帮助他整理笔记，用思维导图也行（见第5章）。用不同形式、不同方法重新加工信息，整理、取舍、归类可以帮助孩子记忆。

下划线

大家都知道下划线吧？下划线的确非常有用，突出了文章的主要观点，让繁密的文章中最重要的内容一目了然。资深考官建议学生在每道题的关键词下面划线，这样可以保证学生答对题，而不会想当然地误解题目。同样，最好也要用复印机。如果老师看到你在书上乱涂乱写，甚至撕掉了一页去做排序活动，会很不高兴的。这个活动的目的是鼓励孩子阅读，在特殊的信息下划线或者画圈。

从书上复印一页内容，简单告诉他什么地方要划线：比如，英语作业，让他在文章中所有的形容词下面划线；地理作业，划

出所有能导致海岸侵蚀的因素；科学作业，划出本周所学过的所有的关键词。

这个方法不仅有助于理解，而且还教会了孩子如何略读。如果离考试结束只剩5分钟时间，他才做了两题，那略读技巧对他就很有用了。亲子提示

涂颜色

这个方法对于视觉学习者来说尤其有用。读课文的时候可以用荧光笔来提取信息，做标记，甚至突出不同标题的内容。用不同颜色来体现不同的主题。比如学习的时候，可以用粉色来突出作者的反讽，用蓝色表现某个重复的意象，用黄色来表现押韵。

这种方法在复习的时候特别有效果。考前几个月，去买一包透明装的各色荧光笔吧。自由地使用各种颜色能激发他的积极性，让他感觉复习不像是去撞墙那么痛苦。

也可以借助现代技术，把笔记重新输入电脑中，最重要的信息用大号的字或者不同的颜色来体现，这样他在考前复习的时候就能区分出差别了。

表格

男孩子酷爱表格（table）。表格是另一种文字处理方式。你们一定看了本书出现过的表格了。请看下表：

木质桌子的特点	表格的特点
木质的。	上面不能搁置物品。
有四条腿。	没有腿。
有的有抽屉。	不可能有抽屉。
木匠做的。	学生做的，或者是写书的老师做的。

（注：英文单词 table 意为桌子、表格。）

男孩子可能会用对绘制表格的热情来作为偷偷逃避工作的小伎俩。光是画表格就用了一小时。老师深感痛苦，说他们什么也没做。而他们却指着纸上的空表格，愤怒地问："那这算什么，老师？没看见吗？"所以，如果孩子要用表格来复习，你要防止他把所有的时间都花在绘制表格上。表格好不好看没关系，重要的是表格里的内容。

能够将课文中的内容用表格的形式表现出来，从另一个方面说明学生仔细阅读了课文，因为他们必须依次将要点找出来放进表格里。表格可以有几个栏目，任意标题都可以。比如，将莎士比亚在《奥赛罗》中提到的根菜类蔬菜制成表格后是这样的：

白萝卜	甜菜根	胡萝卜	防风草	土豆
伊阿古对罗德利格说：有如白萝卜般美味，像小萝卜一般放纵。	伊阿古对罗德利格说：剥去你虚伪的面具，你这个长得像甜菜根似的傻瓜。	伊阿古对奥赛罗说：外间盛传凯西奥有优质、高贵的胡萝卜。	伊阿古对奥赛罗说：据说连他的防风草的品种都非常高贵。	爱米利娅对苔丝狄蒙娜说：在男人眼中我们不过是土豆而已，他们喜欢各式各样的炸薯片。

所有这些练习都是信息搜索中的认知部分，这比单纯的阅读更能提高学生记忆的效果；加上动手完成的东西，对复习很有参考价值。制表就是其中之一。这张有关蔬菜的表格是我在24年前读6年级的时候制作的（真的不是我瞎编的啦，嘿嘿），我依然记忆犹新。

分段
对浩繁的信息就需要用分段法了，需要几个学生一起完成，有点像"大纲式笔记"。就像城市大学和专业院校，其实分段和笔记也是"旧瓶装新酒"———一回事。将笔记放到表格里的好处就是空间更多了，它不受表格空间结构的影响。因此，只要你在标题之间留出足够的空间，你想写再多、再复杂的信息都不受限制了。

让我们先来对《特伦斯和格里斯悲情故事》做一个批判式的分析。我们来回顾一下，这个故事是这样的：

Once upon a time there were two Welsh mice called Terrence and Garreth. They decided that they would live together and accordingly built a cosy and charming home. The roof fell in and they died. （从前，有两只名叫特伦斯和格里斯的威尔士老鼠。它们决定要生活在一起，因此建了一个温馨漂亮的家。屋顶倒下了，砸死了它们。）

分析的时候可以分成以下几个标题来进行："传统手法的运用"、"潜在的同性恋情节"以及"威尔士角度"。你首先把每

一个标题分别写在不同的纸上,标题之下的笔记如下所示:

传统手法的运用
- 开始、中间和结尾部分非常清楚,表明这是一篇传统的按时间顺序叙述的故事。
- 姑且算是正统的。
- 还要注意提到了"家",而不仅仅是"房子"。这说明老鼠是带着家当住在这里,屋顶坍塌之前,它们也许还花了时间安顿。
- 注意使用了标准的童话故事的开头"从前"。这让读者很期待。

潜在的同性恋情节
- 读者心中一定会揣度这两只老鼠的关系。我想结论远不止是"它们是同性恋人"这么简单。
- 我们完全可以推断特伦斯和格里斯纯粹只是 flat-mates(室友)而已。(也许它们之所以被倒塌的屋顶压扁了,死了,就是因为这个单词语意双关:flat 这个单词的词义既可以是"公寓",也可以是"扁平的"。)
- 可能作者利用我们根据童话故事的开头而产生的一般的期待来嘲讽老鼠的性关系。童话故事里一般都有一个邪恶的女王。为什么不可以是两个呢?
- 特伦斯和格里斯这两个名字也有一种对称关系,让我们想到它们实际上应该是形影不离的;可以说是绝配。(它们的全名应该是:特伦斯·配格里斯与格里斯·配特伦斯。)

威尔士角度
- 在山坡上盖一个"温馨的"、"舒适的"家非常受欢迎。
- 作者着重明确提出,这两只老鼠是"威尔士"的,这一点也可以从它们的名字中看出来。Terrence 和 Garreth 这两个名字都有双写的 r,这是典型的威尔士拼法。

要是《特伦斯与格里斯的悲情故事》成为 GCSE 考试内容的话(希望如此吧),上面的分析一定能得 A^+。英语 A^+ 的标准特别强调"独到的分析与理解"。多留一些空间记笔记,有时候孩子根本写不满,但是这可以让孩子尽可能地进行深入的分析。如果再注意一下结构和学术规范,他很有可能得到最高分。

考试发挥

与复习一样,考试本身也对孩子安排时间的能力有严格的要求。如果孩子想尽可能表现出色、考出自己的水平,那么下面的这些方法一定要用到考试中去。

时间安排
这一点最重要。忽视了这一点,最优秀的学生也有可能会马失前蹄,让自己多年的努力彻底付诸东流。如果孩子不想考砸哭着回家,那么他一定要合理地安排考试中的时间。你可以严肃、明确地提醒他:

考试是残酷的,没有时间让他磨磨蹭蹭。实际上,考试更多的是测验孩子的时间安排能力。

为说明起见,我们来假设一种情况。一份试卷有 3 个题目,满分 100 分,1 小时内完成。第 1 题 20 分,第 2 题 30 分,最后 1 题 50 分。如果孩子花半小时做第 1 题,那么可以说他绝对考砸了。如果他犯了这样的错误,在考试中无论怎么样他都无力回天了。花半小时做 1/5 分值的题目,剩下的半小时再去做其余的 4/5,他肯定完蛋。

如果在考试中没有把握好时间的话,后果不堪设想。我有两个优秀的学生因为没有把握好时间,彻底毁了自己两年的辛苦卓绝的学习。(让我伤心、让我震惊的是,其中一位居然是出色的梵米,她曾经那么无惧地挑战了约翰·汉弗莱斯。)

笔试时,孩子首先要算一下相应的分值应该花多少时间,要准确。在上面的例子中,他应该花 12 分钟做第 1 题,18 分钟做第 2 题,半个小时做第 3 题。一旦他有了这样的时间安排之后,他就必须要做到。非要把不值多少分的题目做到 100% 的正确,而对分值更多的题目却蜻蜓点水似的回答,那是非常不明智的。

提醒各位的是:设定这么不人道的、折磨人的分值的人很"阴险"。他们知道孩子们有可能在第 1 题上花过多的时间,所以故意给第 1 题最少的分值。但是,如果孩子们算出了每题该花多少时间,着手先做分数最多的题目,那对自己才是有利的。因为在笔试中高分值的题目往往排在最后 1 题。这么做需要勇气,但是至少他不会用所剩无几的时间来做最重要的考题。

这也许是本书中最严肃的建议了。请严肃对待。

考出好成绩的另一个秘诀
在他们 GCSE 考前最后一节课上,在告诉他们时间安排的重要性后,我给他们每个人一个信封,上面写着"锦囊妙计"几个字,里面只有一张纸。纸上写着"不要答非所问"。

考题都设计得很狡猾,学生往往倾向于回答他们复习到的内容,而不是按考卷的要求答题。对于这种情况,主考老师建议学生在题目的关键词下面划线,确保他们知道出卷人的意图。如,以前一份 SAT 的作文考试题:"为旅行杂志写一篇文章,描述一个美丽又神秘的地方。"划出了关键词"文章"、"旅行杂志"、"美丽的"、"神秘的",孩子就很清楚地知道需要什么样的格式、文章的读者群以及该回答哪些问题。这样,他就会完全明白出卷人的意图,然后再考虑怎么写。

构思
多数老师会建议学生在动笔前先构思,这当然是个好主意,但是有一个问题:老师们太热衷于构思了,就会夸大其重要性,导致一些学生在考场上花太多时间构思,连动笔写作的时间都没有了。

学生每题需要多少时间来构思也应该由分值来决定。构思的时间应该占本考题答题时间的 1/4。所以 1 小时考 3 题、满分

100 分的试卷，孩子应该这么安排：

第 3 题（50 分）—8 分钟构思，22 分钟答题。
第 2 题（30 分）—5 分钟构思，13 分钟答题。
第 1 题（20 分）—3 分钟构思，9 分钟答题。

孩子应该先用头脑风暴的方法来构思，然后再写成逻辑通顺的段落。

SAT 考试中要求为旅行杂志撰文的构思应该是这样的：

1. 位置及景点：在欧洲的什么位置，对那里的沙滩、异国昆虫、饭店、沙嘴半岛等描述一番。
2. 美景：月色、棉花堡、蔚蓝的大海、小船。
3. 神秘色彩：跳伞运动、荒无人烟的村庄、以弗所、阿蒂米斯女神像、古文明奇观。
4. 结论：为什么游客爱去那里，费用，航班时间。

构思就应该如此简练，但是可以为他的写作提供框架，使他不至于跑题、写出不合题意的文章。他一定能够写出又简洁、又有条理的文章。

检查

如果孩子在规定时间内完成了，他不该靠在椅子上想："谢天谢地，大功告成。现在我来看看凯莉今天穿什么衣服！"考场的每一分钟都是宝贵的。建议他逐字逐句地再读一遍，检查答案，边看边订正。

放松

当监考老师允许学生翻开卷子开始答题的时候，通常，考场上每个考生的反应都是以奥运会短跑选手那样的速度飞快地开始。他们这种反应只会适得其反：慌慌张张地贸然开始答题，会影响思考。我建议学生此时默数到10再打开考卷。这样他们可以从容地开始考试，能够正确地思考问题、划出关键词。

考试的态度

每年，学生放温书假前最后一次课上，我都会在每张桌子上放一把尺子和一张答题纸。我让每个学生用右手拿起答题纸，用两根手指夹着；左手抓住尺子，将尺子拿到纸张的背面，在我的要求下"抽打它"。他们非常喜欢这么做，纸张的碎片飞到各个角落，好像阿根廷足球赛场上欢庆的彩带。

这么做的目的是让学生明白，考场上积极的态度比什么都重要。好比在冰川时代，良好的心理承受能力与掌握的知识一样重要。也许，出卷人的题目是你没有复习到的；也许，考卷太难了。如果是这样的话，考的就是心理素质了。如果孩子在考场上缩着身子，那么他很有可能断送人生的若干个机遇，后果的确会这么严重。如果他挽起袖子说："嘿，有点难考！"然后就认真地动笔了，他往往会考得还不错。

在考试前，让孩子念一句"咒语"："无论发生什么事情，我都不会停止考试的——尽力了就够了。"让他在进考场之前、打开考卷之前，都把这句话默念几遍，然后再让他用各种方法达到"抽打考卷"所能产生的效果。

> 有一个古老的寓言故事，说有一位智者坐在镇郊的一个十字路口上。一个人走上前来对他说："我很快就要搬到这个镇上了，请告诉我住在这里舒适吗？"
> 老者摸了摸胡须说："你现在住的地方如何？"
> "好极了。邻里和睦，街上阳光灿烂。"
> 白胡子的智者说："这里也是如此。"
> 几小时后，又来了一个人。
> "我很快要搬到这个镇上了，"他说，"请告诉我住在这里舒适吗？"
> 老者摸了摸下巴，问了同样的问题："你现在住的地方如何？"
> "很糟糕，"第二个人回答，"邻里之间关系紧张，而且总是下雨。"
> 智者说："这里也是如此。"

态度决定一切。对考试如此，对孩子的整个校园生活也是如此。如果他走进校门，相信教育将会是他一生中最美妙的经历，那么将来，作为家长的你将会自豪地收获他成功的喜悦。

最后我要说，祝你们成功。

注释

①奥威尔式的命令（Orwellian）：乔治·奥威尔（George Orwell，1903年~1950年），英国左翼作家，新闻记者和社会评论家，《动物庄园》和《一九八四》是其传世作品。由他的名字衍生出的"欧威尔主义"、"奥威尔式的"等词汇甚至成为通用词汇而广泛使用。

②零容忍政策（Zero Tolerance）：指警察在具体执法活动中贯彻的政策。其核心意思就是要对各种反社会的行为和犯罪采取严厉打击的态度，哪怕是对轻微的违法犯罪行为，也要毫不犹豫、决不妥协地进行彻底的斗争。

③B面歌曲：指非强力主打的歌曲。

④林加拉语（Lingala）：在中非通用的一种班图语。

⑤20问（Twenty Questions）：源于美国的一个室内口语游戏，上世纪40年代成为美国一广播每周热播的节目，而风行起来。游戏的玩法是一个人心里想一件东西，或人，另一个人用一般疑问句来提问，回答者只能给肯定或否定的答案。如果在20个问题内猜出对方心里所想的答案就获胜。

⑥政治正确性狂热（Political Correctness）：简称PC，即一个公民有义务按照宪法规定，保持一国所奉行的政治原则和立场。

⑦升级考试（eleven plus）：11岁儿童入学考试（英国旧时举行的升中学甄别考试，现仍在少数地区实行。）

⑧普通中等教育证书：全称 General Certificate of Secondary Education，简称GSCE。在16岁义务教育结束后参加该考试。考试结果会参照学生最近两年来的平时成绩进行综合评价，共有A~G七个等级的评价。

⑨傅满洲（Dr. Fu Manchu）是英国小说家萨克斯·罗默创作的傅满洲系列小说中的虚构人物。1875年在《福尔摩斯遭遇傅满洲博士》一书中首次出现。

⑩热座游戏（hotseat）：一种电脑游戏与电视游戏中的多人游戏模式，

指多个玩家使用同一台终端，轮流控制自己在游戏中扮演或指挥的人物或国家行动。

⑪查特莱夫人（Lady Chatterley）：劳伦斯的小说《查特莱夫人的情人》中的女主人公。

⑫哈利法克斯城（Halifax Town）是英格兰一足球俱乐部名。

⑬加扎（Gazza）是英格兰足球明星保罗·加斯科因的绰号。

⑭学术能力评估测试（Scholastic Assessment Test，简称 SAT）由美国大学委员会（College Board）主办，SAT 成绩是世界各国高中生申请美国名校学习及奖学金的重要参考。

⑮"肉毒素"实际上是"肉毒杆菌素"的俗称。又名"Botox"，是一种神经毒素，可以阻断神经与肌肉间的神经冲动，使过度收缩的小肌肉放松，进而达到除皱的效果。

⑯Neuro-Linguistic Programming，简称 NLP，由美国著名学者 Richard Bandler 博士和 John Grinder 先生创立于 70 年代。简言之，NLP 就是从破解成功人士的语言及思维模式入手，独创性地将他们的思维模式进行解码后，发现了人类思想、情绪和行为背后的规律，并将其归结为一套可复制可模仿的程式

⑰头脑风暴法出自"头脑风暴"一词。所谓头脑风暴（Brain-storming）最早是精神病理学上的用语，指精神病患者的精神错乱状态而言的，现在转而为无限制的自由联想和讨论，其目的在于产生新观念或激发创新设想。

⑱让·保罗·萨特：法国 20 世纪最重要的哲学家之一，法国无神论存在主义的主要代表人物。他也是优秀的文学家。戏剧家、评论家和社会活动家。他一生中拒绝接受任何奖项，包括 1964 年的诺贝尔文学奖。

⑲棋盘问答（Trivial Pursuit）是一种用棋盘玩的游戏，前进的方式取决于参与人的回答常识和通俗文化等知识的能力。

⑳《查理和巧克力工厂》：罗尔德·达尔 1964 年所著，是一本既写给孩子又写给大人的书。本书通过对查理和约瑟夫爷爷和其他四个幸运儿一起参观旺卡先生的巧克力工厂时，所发生的一些离奇的故事的叙

述，用生动的语言告诉了家长该如何教育孩子。本书故事情节离奇、引人入胜，并配有生动的图画，是一本老少皆宜的童话读物。

㉑维恩图（Venn Diagram）：数学中表示集合的交叉的圆圈。

㉒《东区居民》（*The Eastenders*）是英国 BBC 热播的肥皂剧。

㉓特易购（Tesco）是英国最大的零售公司，也是世界三大零售商之一。排名仅次于沃尔玛和家乐福。

㉔"*Fan-dabbie-dozy*"是苏格兰著名喜剧二人组珍妮特·克兰基与伊恩·克兰基夫妇 1981 年发表的最佳单曲。二人从艺近 40 年，活跃在英国和澳大利亚的各大剧场。从上世纪 70 年代到 80 年代的 12 年间，他们拥有自己的电视节目，发表创作单曲。1991 年后二人进入半退休状态，但是仍时常出现在哑剧表演中，被誉为"哑剧表演大师"，深受各年龄阶层人士的喜爱。

㉕莫扎特效应（The Mozart Effect）：指"莫扎特的音乐可以作为胎教音乐，可以提高孩子智商"，这是上个世纪 90 年代初美国科学家的研究结论，商家即群起炒作

㉖"小小爱因斯坦"（Baby Einstein）：是一系列针对出生 3~36 个月婴幼儿的多媒体产品和玩具。其主题主要包括古典音乐、艺术、诗歌等等。这些产品的制作者小小爱因斯坦公司是华特迪士尼公司的一个子公司。

㉗厌女症（misogyny）：指文学中歪曲、贬低女性的形象、把一切罪过都推到女性头上的情绪或主题。

㉘埃米纳姆（Eminem）是一位美国歌手，其风格类型为 Hardcore Rap（硬核说唱）。埃米纳姆最大的突破就是证明白人也能介入到黑人一统天下的说唱（RAP）界中，而且获得巨大的成功。他的叛逆不仅长期以来深受美国青少年喜爱，也让他在舆论中始终遭到抨击。

㉙蓝彼得（Blue Peter）是 BBC 一位很受欢迎的儿童竞猜节目的主持人。

㉚耳朵虫（earworm）一词是从德语单词 Ohrwurm 直译过来的，指歌曲或其他音乐作品的某个片断不由自主地反复在某人脑子里出现的情况。

注　释

㉛ "Escape Me"《离开我》是世界首席 DJ 提亚斯多制作的一首歌曲。歌中描述一个失恋的人到酒吧借酒消愁,意志消沉,自暴自弃的心情。

㉜ 功能性文盲:联合国于 1965 年在德黑兰的一次国际性会议上提出的概念,指的是受过一定传统教育,会基本的读、写、算,却不能识别现代信息符号及图表,无法利用现代化生活设施的人。

㉝ 澳洲竹板(wobble board):是澳大利亚音乐人罗尔夫·哈里斯为他最著名的歌曲《我和袋鼠幸福地在一起》而发明的一种乐器。

㉞ AQA 是 The Assessment and Qualification Alliance(英国资格评估认证协会)的简称。

㉟ 西蒙·阿米蒂奇(Simon Armitage)是英国诗人和小说家,曾荣获众多的诗歌奖项。

㊱ 即 Ron Atkinson,曾任曼联主帅,1999 年结束教练生涯后,成为英国独立电视台体育节目评论员,并在《卫报》开设专栏。

㊲ 即 Match of the Day,是英国广播公司(BBC)的老牌节目,在网络上通常缩写为 MOTD。这档节目通常在比赛日周末的晚上,于 BBC-1 台播出。

㊳ 格蕾丝·凯莉(Grace Kelly,1929~1982):好莱坞著名女明星,后成为摩纳哥王妃。

㊴ 布克奖(Booker Prize):创立于 1968 年,是当代英语小说界的最重要的奖项。每年颁发一次,与诺贝尔奖一样,只颁予仍在世的人。奖励当年度最佳英文小说创作,但不限英国籍作者,因此成为"最好看的英文小说"的代名词。

㊵ 迷雾指数(fog index):由牛津大学教授 Robert Gunning 提出的,所以又叫 Gunnig-Fog Index,指的是文章的可读性公式。

㊶ 在 Eats, Shoots and Leaves 一书中,英国女作家林恩·特拉斯(Lynne Truss)讲解如何正确使用标点符号,是 2003 年圣诞期间的头号畅销,为她赢得了 2004 年大英图书奖的"年度图书"大奖。书名《吃射走》来自一个熊猫因为标点错误而开枪伤人的小笑话。

㊷小吊人游戏（hangman）：英语词汇游戏，根据提示，猜出正确的单词，错误一次画一笔，十笔完成一幅小吊人的简笔画，十笔画完游戏即结束。

㊸学年组长（Head of Year）：指每一学年各年级负责组织全年级在该学年中各项活动的负责老师。

㊹水合作用（hydration）：是向机体引入外加的液体，使机体内组织处于水分充足的状态。体水含量在正常水平时称为正常水合状态；体水丢失造成脱水称低水合状态。

参考书目

Brindley, Susan(ed.), *Teaching English*(Open University, 1994)

Buzan, Tony, *How to Mindmap: The Ultimate Thinking Tool that Will Change Your Life*(Thorsons, 2002)

Caviglioli, Oliver, Harris, Ian and Tindall, Bill, *Thinking Skills and Eye Q: Visual Tools for Raising Intelligence*(Network Educational Press, 2002)

De Bono, Edward, *Six Thinking Hats*(Penguin, 1985)

Gardner, Howard, *Frames of Mind: Theory of Multiple Intelligence* (Fontana Press, 1993)

Gilbert, Ian, *Essential Motivation in the Classroom* (RoutledgeFalmer, 2002)

Gilbert, Ian (ed.), *The Big Book of Independent Thinking* (Crown House, 2006)

Goleman, Daniel, *Emotional Intelligence*(Bantam Books, 1995)

Levine, David A., Teaching Empathy: *A Blueprint for Caring, Compassion and Community*(Solution Tree, 2005)

Morris, Desmond, *The Human Animal*(BBC Books, 1994)

Truss, Lynne, Eats, *Shoots and Leaves*(Profi le, 2003)

Wilson, Gary, *Breaking the Barriers to Boys' Achievement* (Network Continuum, 2006)

图书在版编目（CIP）数据

教得好，孩子肯定学得好/（英）英国（Beadle, P.）著；苏毅琳译.—福州：福建教育出版社，2010.7
ISBN 978-7-5334-5419-7

Ⅰ.①教… Ⅱ.①英…②苏… Ⅲ.①家庭教育 Ⅳ.①G78

中国版本图书馆CIP数据核字（2010）第132145号

COULD DO BETTER!

by Philip Beadle

Copyright © 2007 by Philip Beadle

This edition arranged with THE MARSH AGENCY LTD
through BIG APPLE TUTTLE-MORI AGENCY, LABUAN, MALAYSIA.

Simplified Chinese edition copyright © 2011 by Fujian Education Press

ALL RIGHTS RESERVED.

本书中文简体版由英国THE MARSH AGENCY LTD授权
福建教育出版社在中华人民共和国境内独家出版发行。

版权所有，侵权必究。

教得好，孩子肯定学得好

原　著	（英）菲尔·比德尔	
翻　译	苏毅琳	
出版发行	海峡出版发行集团	
	福建教育出版社	
	（福州梦山路27号　邮编：350001　电话：0591-83706771	
	83733693　传真：83726980　网址：www.fep.com.cn）	
发行热线	0591-83752790　010-62027445	
印　刷	福州东南彩色印刷有限公司	
	（福州市金山工业区　邮编：350002）	
开　本	889毫米×1194毫米　1/32	
印　张	9.5	
字　数	214千	
版　次	2011年1月第1版	
	2011年1月第1次印刷	
书　号	ISBN 978-7-5334-5419-7	
定　价	25.00元	

如发现本书印装质量问题，影响阅读，
请向本社市场营销部（电话：0591-83726019）调换。